나무 의사 큰손 할아버지

나무 의사 큰손 할아버지

우종영 지음 | 백남원 그림

사계절

| 글쓴이의 말 |

나무가 없는 세상은
사람도 살 수 없는 세상

세상이 빠르게 발전하면서 석탄이나 석유 같은 에너지를 많이 사용하게 되었습니다. 전기를 만들기 위한 발전소, 물건을 만드는 공장, 늘어나는 자동차, 추운 겨울 방 안을 따뜻하게 데워 주는 난로 들……. 하지만 이때 발생하는 가스들이 대기 중에 퍼지면서 온실의 비닐과 같은 역할을 하여 지구는 점점 더워지고 있답니다.

지구가 더워지면 남극과 북극의 얼음들이 녹아, 바다 수면의 높이가 높아져 얕은 섬들은 물에 잠길 것입니다. 우리가 살고 있는 온대 지방도 무더운 열대 기후로 변할지도 모릅니다. 그래서 이러한 기상이변을 막으려는 노력이 시작되었습니다. 지구를 덥게 하는 온실 가스가 만들어지는 것을 줄이기 위해, 여러 나라들이 일본 교토에 모여 '교토 의정서'를 만들었습니다.

'교토 의정서'의 내용은 나라마다 온실 가스의 양을 정하고, 태양열이나 바람을 이용한 대체 에너지를 개발하는 것과 함께, 나무를 심어 숲이 이산화탄소를 흡수하게 하자는 것입니다. 다시 말해 지구를 덥게 하는 온실 가스의 양을 줄이면서 새로운 대안을 찾자는 내용이지요.

　그렇다고 당장 공장을 멈추고 자동차를 안 타고 다닐 수도 없는 노릇입니다. 자! 이럴 때 여러분이라면 어떻게 하겠어요? 에너지를 적게 쓰도록 노력하면서, 한편으로는 나무를 심고 가꾸어야겠지요.

　요즘 나무들을 보면 그리 건강한 것 같지 않습니다. 나무들이 건강해야 더 많은 탄소동화 작용을 할 터인데, 공해에 찌든 잎은 얼룩덜룩하고 나무 껍질 또한 검게 변해 있습니다.

　사람들은 아프면 소리라도 지르고 도움을 구하지만, 나무는 말이 없습니다. 고향을 떠나 새로운 환경에 적응하지 못 하는 나무, 길이 뚫리면서 서서히 죽어 가는 나무, 사람들의 편리함 때문에 질식한 나무, 이처럼 주변에는 아픈 나무들이 무척 많습니다.

　너무 아프면 밥을 못 먹으니 링거 주사도 놓아 주어야 하고, 자동차에 부딪혀 상처가 나면 치료도 해 주어야 합니다. 사람들은 아프면 누워 쉬기라도 하지만, 나무는 아파도 눕지를 못합니다. 나무는 웬만하면 겉으로 드러내지를 않습니다. 정 아파서 못 견딜 것 같으면 조용히 죽음을 맞이한답니다.

　나무가 없는 세상은 우리도 살 수 없는 세상입니다.

　나무들이 건강하게 잘 살고 있는지, 이제 우리 둘레를 잘 살펴볼 때입니다.

2005년 3월 글쓴이 우종영

차례

글쓴이의 말 • 4
1. 씨앗 심기 • 8
2. 나무 옮겨 심기 • 18
3. 가로수 이야기 • 26
4. 돌배나무 이야기 • 38
5. 은행나무 이야기 • 48
6. 반송 이야기 • 60
7. 모과나무 이야기 • 70
8. 잣나무 이야기 • 80
9. 씨앗 받기 • 90
10. 봄을 기다리며 • 102

찾아보기 • 110

1. 씨앗 심기

큰손 할아버지는 산골에 살고 있습니다. 마당 한켠에는 돌배나무 한 그루가 있고, 집 둘레로 할아버지가 가꾸는 조그마한 텃밭이 있습니다. 그리고 집에서 조금 떨어진 곳에는 할아버지가 정성을 쏟아 가꾸는 나무밭이 있습니다. 집이라고는 드문드문 몇 채밖에 없어, 할아버지가 키우는 강아지 덩달이가 가끔 컹컹 짖을 때를 빼면 아주 조용한 곳이죠.

하지만 할아버지를 찾아 이 외딴 곳에 오는 사람들이 심심찮게 있습니다. 왜냐고요? 큰손 할아버지는 나무 의사랍니다. 아픈 나무를 치료해 주는 나무 의사 말이에요. 오랫동안 나무와 함께 살아왔기 때문에 척 보면 나무가 어디가 아픈지 금방 안답니다. 그래서 사람들이 이

깊은 산골까지 할아버지를 만나러 오는 거지요.

참! 할아버지 손은 무척 크답니다. 어쩌면 나무를 다듬는 가위질을 많이 해서 그렇게 커졌는지도 모릅니다. 그래서 사람들은 할아버지를 '큰손 할아버지!' 하고 부른답니다.

"어디 보자."

오늘도 큰손 할아버지는 돋보기 안경을 쓰고 씨앗들을 하나하나 살펴보며 크고 윤기 나는 것들을 고릅니다.

"너희들이, 한 나무에서 수만 개의 씨앗으로 달렸다 하더라도 큰 나무로 자랄 수 있는 씨앗은 한두 개밖에 되질 않아. 그만큼 자연에서는 강한 녀석만이 살아남을 수 있으니 미리 튼튼한 씨앗을 고를 수밖에……. 이렇게 해야 병에 걸리지 않고 오래오래 살 수 있지."

골라 낸 씨앗들은 촉촉한 모래에 섞어 철망이 달린 상자에 넣은 뒤 땅 속에 묻습니다. 큰손 할아버지는 상자를 묻어 봉긋해진 흙 위에 나뭇가지 하나를 꽂습니다.

"이렇게 표시를 해 두어야 내년 봄에 쉽게 찾을 수 있지!"

그리고 나서 다음해 봄에 씨앗을 심을 밭을 갈아엎습니다. 이렇게 땅을 갈아엎어 놓으면 어린 새싹을 갉아먹는 애벌레가 땅 속에서 나와 얼어 죽습니다.

긴 겨울, 땅 위에 하얀 눈이 쌓이면 씨앗들은 그 안에서 포근하게 겨울

씨앗 보관 : 추운 지방에서 자라는 나무들의 씨앗은 마르면 싹트는 시기가 늦어진다. 씨앗이 마르지 않게 촉촉한 모래에 섞어 보관하면, 모든 씨앗이 일정한 조건으로 맞춰져서 고르게 싹을 틔우고, 싹 틔우는 힘도 커진다. 이때, 상자 윗부분은 쥐가 들어가지 못하게 철망으로 덮는다.

잠을 잡니다. 겨울이 지나고 냇가에 버들가지 눈이 통통하게 부풀어올라 겨울눈의 껍질이 벗겨지고 뽀얀 솜털에 싸인 노란 꽃이 필 무렵이면, 지난 가을에 갈아 두었던 밭을 고르기 시작합니다.

"어이구! 힘들다. 이제 어린 새싹을 괴롭히는 벌레들은 죄다 얼어 죽었겠지."

갑자기 큰손 할아버지가 두리번두리번 주위를 살핍니다.

"내가 이쯤에 나뭇가지를 꽂아 둔 것 같은데……."

지난 가을 씨앗 상자를 묻어 둔 곳을 찾나 봅니다.

"맞아! 바로 여기야."

밭을 고른 뒤 할아버지는 나뭇가지를 꽂아 놓은 곳으로 가서 씨앗 상자

씨앗 심기 : 나무 씨앗을 심을 때는 씨앗 크기의 세 배 정도 되는 깊이에 심는다. 너무 깊이 심으면 싹이 흙을 뚫고 나오지 못하고 너무 얕게 심으면 씨앗이 마른다.

를 꺼냅니다. 겨울잠에서 깨어난 여린 씨앗들은 물기를 알맞게 머금은 채 통통하게 살이 올라 있습니다.

"녀석들, 살이 꽉 차올랐구나!"

큰손 할아버지는 밭에 물이 잘 빠지게 고랑을 파고 씨앗을 심습니다. 따뜻한 봄 햇살을 받은 흙은 쌓인 눈이 녹아 물기가 적당히 스며들었습니다. 봄바람에 흙이 마르지 않게 땅거죽에 짚을 잘 덮어 줘야 합니다. 그래야 어린 씨앗들이 마르지 않고 보송보송한 흙 사이로 떡잎을 내보낼 수 있거든요. 가느다란 실뿌리는 물과 양분을 찾아 어둠 속으로 더듬어 내려가고, 처음으로 엄마 잎을 닮은 잎을 내었습니다. 그러나 한낮의 햇볕은 아직 너무 뜨겁습니다. 어쩌다 소나기라도 내리면 흙탕물이 튀어 온몸이

버즘나무 씨앗
상수리나무 열매
잣나무 씨앗
단풍나무 씨앗

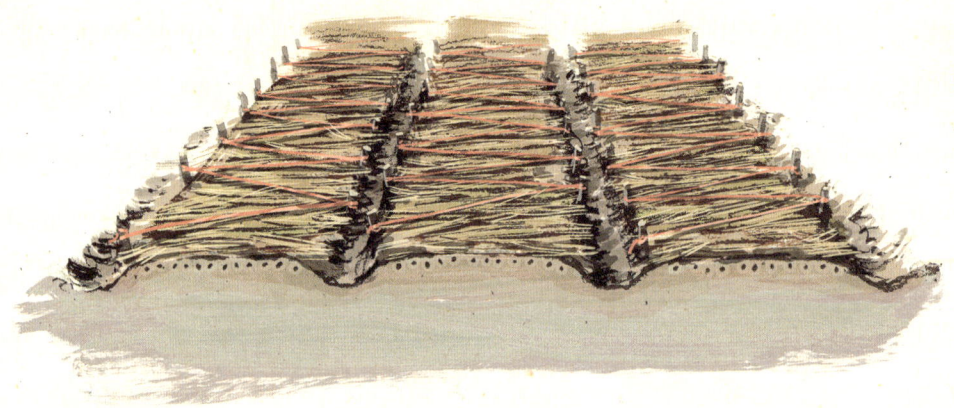

땅거죽 덮기 : 나무의 씨앗은 음지에서 싹트는 것과 양지에서 싹트는 것이 있다. 음지에서 싹트는 씨앗은 심은 뒤 짚으로 잘 덮어 습기를 일정하게 유지할 수 있도록 해야 한다. 그렇게 하지 않으면, 씨앗이 말랐다 축축해졌다 하면서 곯게 된다.

빛 가리개 치기 : 어린 나무는 뜨거운 햇볕을 그대로 받으면 햇볕에 데게 된다. 그래서 빛 가리개를 쳐 주어야 한다. 하지만 햇볕을 완전히 차단하면 광합성 작용을 할 수 없다. 빛 가리개는 나무에 따라 빛을 통과시키는 양을 다르게 해야 한다.

벌레 잡아 주기 : 거세미나방의 애벌레는 땅 속에 사는데, 밤이면 땅·위로 올라와 어린 나무의 줄기를 잘라 먹는다. 밤에 손전등을 비추면 쉽게 잡을 수 있다.

무거워지고 햇볕을 잘 받지 못할 때도 있습니다. 그러면 할아버지는,

"어이쿠, 어린것들이 흙옷을 입었구나."

하면서 맑은 물로 닦아 줍니다. 또 밤이 되어 땅 속에 있던 나방의 애벌레들이 기어나와 어린 줄기를 갉아먹기라도 하면, 할아버지는 손전등을 들고 나와 벌레들을 잡아 주기도 합니다. 한여름에는 어린 나무들이 뜨거운 햇볕에 데지 않게 빛 가리개를 쳐 주어 시원하게 지낼 수 있게 해 줍니다.

그렇게 시간이 흘러 가을이 되었습니다. 이제 내년에는 어엿하게 나이테 하나를 가진 나무가 되어 있을 겁니다. 하지만 한 그루 나무가 된다는 것은 쉬운 일이 아닙니다. 아이가 태어나 어른이 되기까지 많은 어려움이 있듯이 말입니다.

어엿한 한 그루의 나무를 꿈꾸는 어린 나무들은 옆에 있는 친구들이 귀찮아지기 시작합니다. 콩나물 시루 속같이 친구들이 너무 가까이 있기 때문입니다. 뿌리를 뻗으려면 벌써 누군가가 먼저 자리를 잡고 물과 양분을 가져가고, 가지를 뻗자니 뻗을 곳이 없는 것입니다. 큰손 할아버지는 커다

나이테 : 나무는 해마다 나이테를 하나씩 만든다. 그래서 나이테의 수를 세어 보면 나무의 나이를 알 수 있다.

란 삽을 들고 어린 나무들을 쳐다봅니다.
 "어이구! 이 녀석들, 서로 먼저 자라겠다고 야단인걸! 이제 이 녀석들을 옮길 때가 된 것 같아. 지금 옮겨 주지 않으면 날 원망하겠지?"
 큰손 할아버지는 어린 나무를 캐낸 다음 튼실한 것들을 따로 모아 뿌리가 마르지 않게 흙으로 덮어 놓고, 더 넓은 밭에 거름을 듬뿍 넣은 뒤 사

흙으로 덮어 주기 : 나무를 캐낸 뒤 가마니나 흙으로 뿌리 부분을 덮어 줘야 한다. 뿌리가 바람에 마르거나 햇볕을 쬐게 되면 뿌리 끝부분에 있는 실뿌리의 세포가 죽게 된다.

어린 나무 캐내기 : 뿌리가 상하지 않게 삽으로 조심스럽게 캐낸다. 나무를 손으로 잡아당겨서 뽑으면 실뿌리가 끊어져 물과 양분을 흡수하는 데 어려움을 겪게 된다.

이를 넉넉히 두어 옮겨 심습니다.
 좀더 넓고 쾌적한 곳으로 옮겨진 어린 나무들은 잠시 아픈 듯하지만, 곧 깨어나 무럭무럭 자라나지요.

2. 나무 옮겨 심기

"따르릉! 따르릉!"

큰손 할아버지 집 전화벨이 울립니다.

"어이구, 깜짝이야!"

할아버지는 전화벨이 울릴 때마다 깜짝깜짝 놀라곤 한답니다. 워낙 깊은 산골이라서 조용한 데다가 전화를 놓은 지도 얼마 되지 않았거든요.

전화기도, 손가락을 구멍에 넣고 다이얼을 돌려야 하는 아주 오래된 거죠. 큰손 할아버지는 새 물건보다 사람의 손때가 묻은 오래된 물건을 더 좋아한답니다. 음식도 버리는 일이 없고 고장난 물건도 커다란 손으로 척척 고쳐 쓰지요. 산에서는 무슨 물건이든 귀하지 않은 게 없거든요.

그런데 누가 큰손 할아버지를 찾는 것일까요? 할아버지는 저녁밥을 짓다 말고 뛰어나와 전화를 받습니다.

"할아버지!"

"응, 그래. 혜림이구나."

큰손 할아버지의 손녀 혜림이입니다. 그러잖아도 할아버지는 혜림이 걱정을 하고 있었습니다. 할아버지의 아들, 그러니까 혜림이 아버지가 하던 일이 잘 안 되어 다른 동네로 이사를 갔거든요.

"그래, 새로 이사 간 집은 어떠니?"

"괜찮아요. 걱정하지 마세요. 산동네라 그런지 공기가 좋아요. 그리고 겨울에 눈이 오면 비탈길에서 썰매도 탈 수 있대요. 게다가 동네 친구들도 얼마나 많은지 몰라요."

구상나무
Abies koreana
소나무과 늘푸른바늘잎나무

구상나무는 높은 산에서 자라며, 우리나라에만 있다. 분비나무와 비슷하지만 열매비늘이 뒤로 젖혀져 있다. 생김새가 아름다워 기념수로 심기도 한다.

"그래, 잘 됐구나. 방학하면 할아버지 집에 놀러 오너라. 그런데 네가 무슨 일로 전화를 다 했니?"

"예전에 살던 집에 할아버지가 심어 주신 나무 있잖아요."

"그래. 할아버지가 구상나무를 심어 줬지."

"이제 나무를 옮겨 심어야 할 것 같아서요. 집에서 조금 떨어진 곳에 큰 산이 있거든요."

"그래?"

"그런데 무턱대고 옮겨 심을 수도 없잖아요."

"그렇지, 잘못 옮겨 심으면 나무가 죽을 수도 있지. 할아버지가 가르쳐 주는 대로 옮겨 심으면 죽지 않고 오래도록 살 수 있을 거야. 자세히 써서 편지로 보내 줄 테니 걱정하지 말아라."

할아버지는 전화를 끊고 나서 마음이 뿌듯해졌습니다. 아장아장 걸어 다니던 때가 엊그제 같은데, 혜림이가 벌써 이렇게 컸다니…….

11년 전, 큰손 할아버지는 첫 손녀 혜림이가 태어난 것을 기념하기 위해 손수 씨를 심어 키운 구상나무 5년생을 혜림이네 집 마당 한켠에 심어 주었습니다.

"어린 녀석이 어쩜 이런 생각을 다 했을까! 나를 꼭 닮았어. 기특하기도 하지……."

큰손 할아버지는 슬며시 웃으며 종이와 펜을 꺼냅니다.

혜림아, 보아라!

지난번 먼저 살던 집에 들렀을 때 보니, 네 나무도 꽤 많이 자랐더구나. 네가 벌써 열한 살이니 심은 지 11년이 된 셈이다. 잘 생각했다. 구상나무도 좁은 집 안에 갇혀서 사는 것보다 산에서 사는 것을 더 좋아할 게다. 엄마, 아빠 쉬는 날 같이 옮기도록 해라. 할아버지가 옮기는 법을 편지 뒤에 자세히 적어 보낼 테니……. 그리고 여기서 씨앗을 받아 키운 모종나무를 보내 줄 터이니 친구들과 같이 산에 나무를 심는 것도 좋겠구나. 나무가 쑥쑥 자라는 만큼 너희들의 몸과 마음도 쑥쑥 자랄 테니까 말이다.

○○○○년 △월 ××일
혜림이를 사랑하는 할아버지가

혜림아, 이렇게 해 보아라!

   나무를 옮긴다는 것은 나무에게 엄청나게 큰 일이란다. 왜냐하면 나무는 한 번도 이사를 해 본 적이 없기 때문이지. 사람들은 자기가 사는 곳이 마음에 들지 않거나 어떤 사정이 생겨 이사를 갈 수도 있지만, 땅 속에 뿌리를 내리고 사는 나무는 평생 한자리에서 모든 것을 해결하며 산단다. 특별히 주변 환경이 바뀌지 않는 한 태어나서 죽을 때까지 한자리에서 사는 것이 나무의 일생이지. 그렇기 때문에 나무를 옮긴다는 것은, 사람으로 말하자면 대수술을 받는 것이나 마찬가지란다. 그러면 어떻게 해야 잘 살 수 있을까?

   먼저, 나무를 심을 자리가 그 나무가 좋아하는 곳인지 따져 보아야 한단다. 햇볕 쬐는 것을 좋아하는 나무는 양달에 심어야 하고, 물을 좋아하는 나무는 물가에 심어야 한다. 그리고 구상나무는 물이 잘 빠지고 햇볕이 하루 종일 드는 곳을 좋아한단다.

   둘째는, 나무를 캐거나 옮길 때는 조심스럽게 다루어야 한다. 나무의 실뿌리는 아주 연약하기 때문에 조그만 충격에도 끊어지기 쉽기 때문이야. 나무가 자기를 옮겨 심는다는 걸 알아차리지 못할 정도로 조심히 다룬다면, 회복하는 속도도 그만큼 빠르단다.

   셋째로, 옮겨 심은 후에는 물을 듬뿍 주고 바람에 흔들리지 않게 버팀목을 해 주어야 한다. 새 뿌리를 내리려고 할 때 나무가 흔들리면 뿌리가 잘리고 다시 뿌리를 내리지 못하기 때문이지. 그리고 키가 큰 나무일수록 바람에 흔들리기 쉽단다.

나무 옮겨 심기

1. **분 뜨기** : 밑동 지름의 2~2.5배 정도만 떠낸다. 이 상태를 '분'이라고 한다.

2. **옮기기** : 나뭇가지가 부러지지 않게 받침대를 받쳐 옮긴다.

3. **땅 파기** : 구덩이 넓이는 분 크기의 한 배 반 정도를 더 파내고, 깊이는 분 높이보다 30cm 정도 더 파낸다.

4. **거름 넣기** : 거름을 20cm 정도 넣고, 그 위에 뿌리에 거름이 직접 닿지 않게 흙을 10cm 정도 덮는다. 그리고 나무를 세운다.

5. **버팀목 세우기** : 흙을 메운 뒤 나무가 쓰러지지 않게 버팀목을 세운다. 그리고 물을 듬뿍 준 뒤 막대기로 휘젓는다. 그래야 물이 빠져도 빈 공간이 생기지 않는다. 빈 공간이 생기면 뿌리가 마를 수도 있다.

6. **낙엽 덮기** : 물이 빠지면 흙이 가라앉는다. 가라앉은 만큼 흙을 덮어 주고 그 위에 물이 증발하지 않게 풀이나 낙엽을 덮어 준다.

흙   거름

모종나무에 흙막 입히기 : 모종나무를 옮길 때는 뿌리에 흙막을 입혀야 한다. 그렇지 않으면 뿌리 끝에 있는 실뿌리가 햇볕에 화상을 입거나 말라 물과 양분을 흡수하지 못한다.

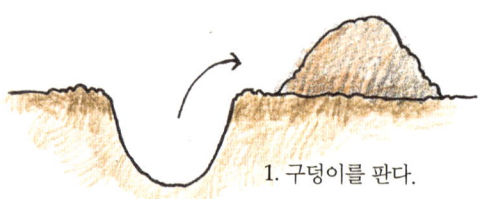

1. 구덩이를 판다.

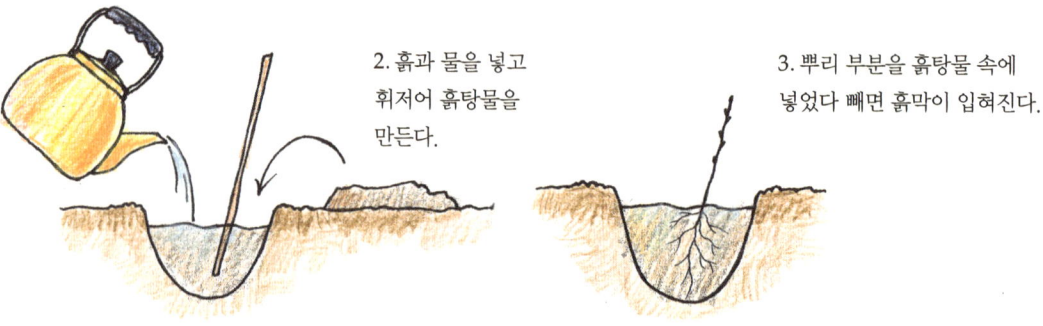

2. 흙과 물을 넣고 휘저어 흙탕물을 만든다.

3. 뿌리 부분을 흙탕물 속에 넣었다 빼면 흙막이 입혀진다.

모종나무 심기 : 모종나무를 심을 자리의 구덩이를 팔 때는 흙을 순서대로 파내야 한다. 영양분이 가장 많은 흙이 뿌리 아래로 가야하기 때문이다.

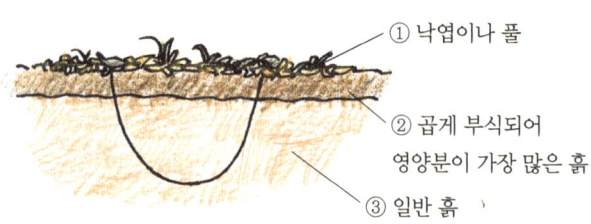

① 낙엽이나 풀

② 곱게 부식되어 영양분이 가장 많은 흙

③ 일반 흙

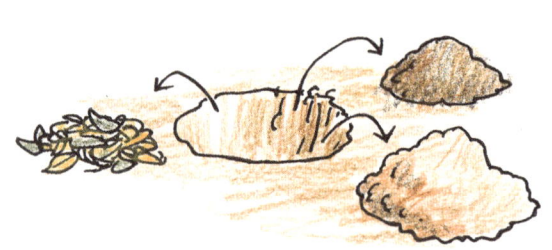

1. ①, ②, ③이 서로 섞이지 않게 따로따로 파낸다.

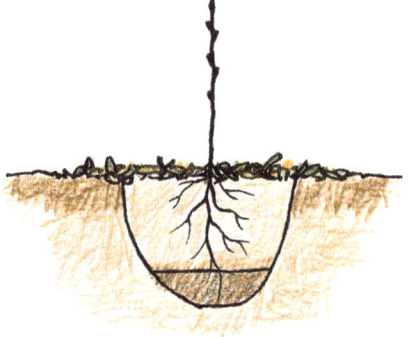

2. 구덩이에 ②를 먼저 깔고 나무를 세운다. 그 다음 ③을 넣고 ①로 덮어 준다.

자, 이제는 어린 모종나무 심는 방법을 알려줘야겠구나. 모종나무는 가볍기 때문에 옮기기도 쉽고 심는 것도 그렇게 어렵지 않으니 잘 할 수 있을 거다.

모종나무는 뿌리에 흙이 붙어 있지 않기 때문에 햇볕을 직접 쪼이지 않게 해야 한다. 간단한 방법으로는 뿌리를 싸서 들고 다녀도 되지만 쉽게 마를 수 있으니 다음과 같은 방법으로 하면 된단다.

진흙땅을 조금 판 다음 물을 붓고 막대로 휘저으면 흙탕물이 되겠지? 거기에다 나무 뿌리를 담갔다 빼면 얇은 흙막이 생긴단다. 그렇게 하면 뿌리가 쉽게 마르거나 햇볕을 받아도 상할 염려가 없단다.

모종나무도 어떤 곳을 좋아하는지 미리 알아보고 심어야 잘 자라겠지? 심는 방법은 땅을 파고 나무 뿌리를 편안하게 앉힌 다음 흙을 덮어 주는데, 이때 낙엽이나 풀뿌리가 들어가지 않게 해야 한다. 이런 것들이 들어가면 나무 뿌리 사이에 틈이 생겨 뿌리가 마를 수도 있거든. 나무 뿌리는 완전히 발효된 유기물만 흡수할 수 있기 때문에 이런 건 아무런 도움도 되지 않는단다. 게다가 풀뿌리나 낙엽은 썩을 때 열이 발생되는데, 나무 뿌리가 열을 받으면 큰일이지. 그리고 나서 나무를 살짝 들어 준 다음 꼭꼭 밟아 주고, 그 위에 낙엽 같은 것을 덮어 주면 더욱 좋겠지. 이렇게 나무를 살짝 들어주면 뿌리가 한쪽으로 치우치지 않고 실뿌리 사이로 고운 흙이 채워지거든.

끝으로, 옮겨 심은 나무는 수술받은 환자와 같으니 정성껏 보살펴야 한다는 걸 잊지 말아라.

—끝—

3. 가로수 이야기

　큰손 할아버지에게는 오래된 자전거가 한 대 있습니다. 거친 산길을 20년 가까이 오르내린 아주 오래된 자전거입니다. 그동안 구멍난 바퀴를 때운 적도 여러 번입니다. 여기저기 찌그러지고 녹이 슨 곳도 있습니다. 하지만 할아버지는 늘 닦고 기름칠을 합니다. 게다가 고장난 자전거는 누구보다 잘 고칩니다.

이렇게 낡고 볼품없는 자전거이지만 큰손 할아버지에게는 중요한 교통수단입니다. 이곳은 버스도 자주 들어오지 않는 깊은 산골이기 때문이지요. 그래서 큰손 할아버지는 웬만한 데는 늘 자전거를 타고 갑니다.

"휘리릭! 휘리릭!"

큰손 할아버지가 휘파람을 붑니다. 뭔가 기분 좋은 일이 있나 봅니다. 자전거 체인에 기름을 치고, 바퀴에 바람도 잔뜩 넣어 팽팽하게 해 놓습니다. 그리고 톱, 망치, 끌, 상처 치료제, 꽃삽, 가위, 지렛대를 챙깁니다. 이것은 나무를 치료할 때 쓰는 연장입니다. 연장을 챙기는 걸 보니 나무를 치료하러 가는 것 같습니다. 하지만 여느 때와는 다릅니다. 나무를 치료하러 갈 때면 얼굴에 어두운 그림자마저 드리워지곤 하는데, 오늘은 연장을 챙기며 휘파람마저 불고 있으니…….

큰손 할아버지가 자전거를 타고 조금 가다 다시 내립니다. 빠뜨린 게 있는 걸까요? 강아지 덩달이가 자꾸만 따라오기 때문입니다.

"덩달아, 넌 오늘 따라오면 안 된다. 차가 씽씽 달리는 곳에서 온종일 있어야 하니까. 그 대신 지난번 콩 심은 밭에 가서 까치나 지키고 있거라. 아직 싹도 나지 않았는데 녀석들이 콩을 다 쪼아 먹고 있더구나. 알았지?"

이럴 수가! 할아버지를 따라가려던 덩달이는 하루 종일 까치와 숨바꼭질을 해야 할 것 같습니다.

"멍멍멍!"

큰 손 할아버지의 연장

꽃삽 : 뿌리를 덮고 있는 썩은 흙을 걷어 낼 때 쓴다.

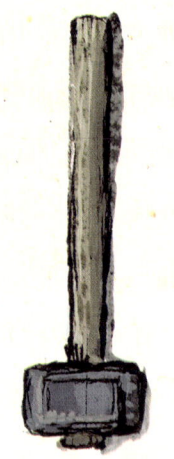

망치 : 끌 손잡이의 뒷부분을 쳐서 썩은 부분을 도려 낼 때 쓴다.

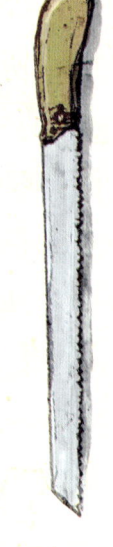

톱 : 부러진 가지나 굵은 가지를 자를 때 쓴다.

끌 : 나무의 썩은 부분을 도려 낼 때 쓴다.

지렛대 : 나무 뿌리를 덮고 있는 돌을 들어 낼 때 쓴다.

드릴 : 주삿바늘을 꽂기 위해서 나무에 구멍을 뚫을 때 쓴다.

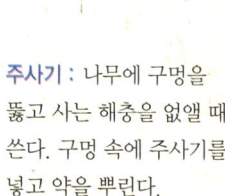

주사기 : 나무에 구멍을 뚫고 사는 해충을 없앨 때 쓴다. 구멍 속에 주사기를 넣고 약을 뿌린다.

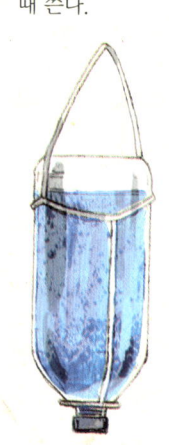

링거액 : 나무가 쇠약해졌을 때 놓는 영양제 주사이다.

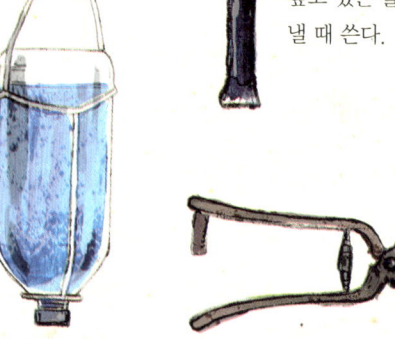

전정 가위 : 가지치기를 할 때 쓴다.

덩달이는 아쉬운 마음에 큰 소리로 짖어 보지만, 할아버지는 벌써 모퉁이를 돌아가고 있습니다. 돌부리에 걸려 넘어지지는 말아야 할 텐데……. 큰손 할아버지는 기분이 아주 좋으면 손을 놓고 자전거를 타는 버릇이 있거든요.

오늘은 읍내 초등학교 아이들과 가로수를 돌보는 날입니다. 학교 선생님이 큰손 할아버지에게 부탁한 것입니다. 큰손 할아버지는 아이들과 어울리는 걸 무척 좋아합니다. 그래서 휘파람까지 불며 흥이 난 거지요.

읍내 도로가에 도착하자 재잘거리는 아이들 목소리가 들립니다.

"안녕, 애들아!"

큰손 할아버지는 활짝 웃으며 인사를 건넵니다. 그리고 아이들과 가로수를 둘러보기 시작합니다.

"얘들아! 저 버즘나무 위에 묶여 있는 끈 보이지? 저렇게 끈을 오랫동안 묶어 놓으면 나무가 자라는 데 방해가 된단다. 나무는 위로도 자라지만, 해마다 나이테를 만들어 내며 옆으로도 자라거든. 그래서 저렇게 끈이 묶여 있는 곳은 자라지 못하

버즘나무
Platanus orientalis
버즘나무과 잎지는큰키나무

플라타너스라고도 한다. 잎은 5~7갈래로 크고 넓적하다. 줄기 껍질이 크게 떨어져 회백색 얼룩이 지는데 피부의 버짐 같아서 버즘나무라고 한다. 공기정화능력이 뛰어나 가로수로 심는다.

나무에 묶인 끈 : 나무에 묶인 끈을 그대로 두면 그 부분이 자라지 못해 움푹 들어가게 된다. 이렇게 되면 영양분의 이동이 원활하지 않아 나무가 잘 자라지 못한다. 또한 바람이 세게 불면 움푹 들어간 부분이 부러질 수도 있다.

고 움푹 들어가게 되지. 선전물을 나무에 끈으로 매달아 놓고서는 나중에 떼어 낼 때 끈은 그대로 두고 선전물만 떼어 내는 일이 종종 있단다. 그래서 그 끈이 나무의 성장을 방해하는 일이 많지."

  아이들은 할아버지의 설명을 듣고 나서 놀라운 표정을 짓습니다. 고작 끈 한 가닥이 나무의 성장을 방해할 줄은 미처 생각도 못했거든요. 조금 있다 한 아이가 큰손 할아버지에게 묻습니다.

  "할아버지! 거리를 멋있게 꾸미려고 가로수에 전구를 달아 놓는 것은 어떤가요?"

줄기 상처 : 가로수는 자동차에 부딪혀 상처를 입기도 한다. 이렇게 줄기에 상처를 입으면 뿌리에서 빨아들인 물이 위로 올라가지 못해 잎이 마르거나, 잎에서 만들어진 영양분이 뿌리로 내려가지 못한다.

옹두리 : 나무에 옹두리가 생기는 건 여러 가지 원인이 있지만, 가지치기를 너무 많이 했을 때도 이런 현상이 나타난다. 봄이면 잎을 내기 위해 뿌리에서 물과 양분을 올려보내지만 받을 가지가 없어 줄기에서 잔가지가 나와 자라므로 울퉁불퉁해지기도 한다.

"그렇게 전구를 달아 불을 켜 둔다고 해서 바로 나무의 목숨에 지장을 주는 건 아니란다. 하지만 사람 몸에 전깃줄을 친친 감고 전구를 켠다면 어떻겠니? 목숨에 지장은 없을지 모르지만 기분은 썩 좋지 않겠지? 나무도 마찬가지가 아닐까?"

"큰손 할아버지, 이 나무는 껍질이 벗겨져 있어요. 무언가에 심하게 부딪힌 것 같아요."

한 아이가 껍질이 벗겨진 나무를 가리킵니다.

"가로수는 늘 여러 가지 위험 속에 놓여 있단다. 이것은 자동차에 부딪혀 생긴 상처 같구나. 안됐지만 가로수에게는 흔히 있는 일이지. 사람이

라면 어떻게든 피할 수도 있겠지만 나무는 움직일 수 없으니 말이야. 이렇게 되면 물과 양분의 이동 통로도 끊어질 뿐만 아니라 이곳으로 균이 들어가 썩기 때문에 상처를 치료해 주어야 한단다."

큰손 할아버지는 탈지면에 알코올을 적셔 소독을 하고 상처 치료제를 바른 다음 붕대를 감아 줍니다. 그리고 나서 아이들에게 가로수의 내력에 대해 설명해 줍니다.

"아주 옛날, 가로수는 먼 길을 떠나는 나그네들에게 도움을 주기 위해 심었단다. 얼마나 걸어왔는지 알 수 있게 5리마다, 또는 10리마다 특별한

나무를 심었지. 그리고 한여름에는 시원한 그늘을 만들려고 심기도 했지. 하지만 요즘은 길에 안내판이 세워져 있고 모두들 차를 타고 다니기 때문에 다른 목적으로 가로수를 심는단다."

"어떤 목적인데요?"

"도시는 콘크리트 건물과 아스팔트 길, 자동차들이 꽉 들어차 있기 때문에 시끄럽고, 덥고, 공기가 몹시 오염되어 있어. 그런데 이런 것들을 다 나무가 해결해 주거든. 깨끗한 산소를 내뿜어 주고, 시끄러운 소리를 줄여 주며, 도시의 높은 온도를 낮춰 주지. 그래서 가로수로는 버즘나무나 은행나무처럼 공해에 강한 나무를 심는단다. 이렇게 좋은 일을 많이 하는데 우리는 나무에게 너무 무관심한 게 아닐까?"

아이들은 고개를 끄덕이며 저마다 생각에 잠겨 나무를 살펴봅니다. 조금 뒤, 큰손 할아버지는 아이들을 불러모읍니다.

땅 속의 뿌리 : 가로수는 뿌리를 뻗는 것도 쉽지 않다. 땅 속에 거미줄처럼 얽혀 있는 수많은 전선과 배관을 피해 다니며 뿌리를 뻗어야 하기 때문이다.

"오늘부터 자기와 친구가 될 나무를 정해 보는 게 어떨까?"

아이들은 모두 친구를 정하느라 이리저리 나무를 둘러봅니다.

"친구 나무를 정했으면, 그 나무를 잘 살펴보는 거야. 자기 친구니까 상처가 있는지, 벌레나 균이 들어가 썩은 곳은 없는지, 뿌리를 뻗을 곳이 없어 답답해하지는 않는지 자세히 살펴봐야지? 그리고 나서 하나씩 해결해 주도록 하자."

아이들은 모두 흩어져 자기 친구가 된 나무를 꼼꼼히 살펴봅니다.

"큰손 할아버지! 제 친구는 뿌리를 보호하려고 덮어 놓은 덮개 틈새에 사람들이 버린 담배꽁초와 쓰레기 때문에 힘들대요."

큰손 할아버지는 지렛대로 철제 덮개를 들어 냅니다. 시커멓게 오염된 흙 위에는 담배꽁초와 쓰레기가 쌓여 있습니다.

"뿌리 쪽에 있는 흙까지 이렇게 시커멓게 오염되면 큰일인데, 다행히 뿌리 쪽까지 오염된 것 같지는 않구나. 어쨌든 한 나무가 가로수로 살아간다는 건 무척 고달픈 일이란다. 우리가 땅 속을 들여다볼 수 없어 잘 모

르고 있지만, 가로수 밑으로는 수많은 배관과 전선이 지나다니지. 그런 것을 피해 다니며 뿌리를 뻗느라 나무는 하루도 편할 날이 없을 거야."

아이들은 할아버지의 한 마디 한 마디 말에 놀라움을 감추지 못합니다.

"오늘부터 자기 친구가 된 나무를 잘 보살피는 거야, 알았지? 비록 발이 없어 살기 좋은 다른 곳을 찾아가진 못하지만, 이제 가로수에게도 친구가 생겼으니 얼마나 좋겠니?"

4. 돌배나무 이야기

 해가 지고 한참 만에 둥근 달이 산을 타고 올라왔습니다. 큰손 할아버지는 길 한켠에 서 있는 커다란 돌배나무에 기댄 채 떠날 줄을 모릅니다. 큰손 할아버지는 이 나무를 살리려고 몇 년 동안 갖은 노력을 다했습니다. 죽어 가는 나무를 수없이 살렸던 할아버지이지만 더 이상 손을 쓸 수 없었습니다. 그래서 몇 해 전부터는 아예 치료조차 하지 않고 내버려 둘 수밖에 없었죠. 쇠약해질 대로 쇠약해진 돌배나무는 마침내 힘든 일생을

접고 헤어짐을 준비하는 듯합니다.

"그래, 그때 내가 잘못했어! 온몸으로라도 막았어야 하는데……. 이제 와서 후회한들 무슨 소용이 있겠나."

지금쯤 가지가 휘어지게 하얀 꽃이 만발해야 할 돌배나무 밑에서 큰손 할아버지는 지나간 일들을 떠올리며 슬퍼합니다. 이 돌배나무는 할아버지에게 깊은 사연이 있는 나무이기 때문입니다.

큰손 할아버지가 돌배나무와 인연을 맺은 건 지금으로부터 수십 년 전 일입니다. 그때 할머니는 심장병을 심하게 앓고 있었습니다.

"당신이 저를 처음 만났을 때 저를 보고 하얀 배꽃 같다고 말씀하셨는데 기억하세요?"

"그럼, 기억하고 말고."

"그때 우리가 만난 곳이 마을 아래 있는 돌배나무였지요."

"당신도 빨리 나아 돌배나무처럼 건강해야 해요. 그 나무는 지금도 튼튼하잖소."

"저는 이제 오래 못 살 것 같아요. 제가 죽으면

돌배나무
Pyrus pyrifolia
장미과 잎지는나무

산에서 자란다. 잎은 달걀 모양이며 가장자리에 톱니가 있다. 열매는 배나무보다 작다. 목재는 악기나 가구를 짜는 데 쓴다. 해인사에 있는 팔만대장경의 일부도 돌배나무로 만들었다.

뼛가루를 그 나무 밑에 묻어 주세요. 그러면 해마다 하얀 꽃을 피워 당신을 기쁘게 해 드릴 수 있을 테니까요."

　며칠 뒤 하얀 배꽃이 땅으로 떨어져 내리던 날 할머니는 숨을 거두고 말았습니다. 큰손 할아버지는 할머니의 유언대로 뼛가루를 돌배나무 아래 골고루 묻어 주었습니다. 그해 가을 돌배나무에는 유난히도 많은 열매가 열렸습니다. 할아버지는 돌배나무를 볼 때마다 할머니 생각에 가슴이 아리곤 했습니다. 그래서 돌배나무를 좀더 가까운 곳에 두고 보려고 열매를 주워 마당 한켠에 정성껏 심었습니다.

　그런데 얼마 지나지 않아 할머니의 뼛가루를 묻은 돌배나무의 몸에 이

상이 생기기 시작했습니다. 그동안 계속 자라던 키가 자라지 않게 된 것입니다. 웬일일까요? 돌배나무 주위로 자동차가 지나다니게 되자 땅이 딱딱해져서 뿌리를 멀리 뻗을 수 없게 된 것입니다. 뿌리를 제대로 뻗지 못하고 위로만 크는 것은 아주 위험한 일입니다. 그러니 성장을 멈출 수밖에요. 게다가 자동차가 지나갈 때마다 먼지를 자욱하게 일으키는데, 그런 먼지는 돌배나무 잎에 붙어 떨어질 줄을 몰랐습니다. 햇빛을 받아야 영양분을 만들 텐데 말입니다. 그러니 소나기가 올 때까지 엽록소들은 일손을 놓아야 했습니다. 큰손 할아버지는 이런 돌배나무의 모습을 볼 때마다 마음이 아팠습니다.

길가의 나무 : 자동차가 많이 다니면 땅이 딱딱해진다. 그래서 나무 뿌리가 물과 영양분을 흡수하는 데 어려움을 겪는다. 또한 마음놓고 뿌리를 뻗지 못해 지탱하는 힘도 약하다. 태풍이 불면 가로수가 잘 쓰러지는 것도 땅이 딱딱해 뿌리를 제대로 뻗지 못했기 때문이다.

쉴 새 없이 지나다니는 자동차 때문인지 이제 걸어다니는 사람도 드물고 나무 밑에서 쉬는 사람도 없어졌습니다. 어쩌다 열리는 열매는 가끔씩 까치들이 와서 쪼아 먹을 뿐, 그 옛날 늠름하던 모습은 온데간데없어졌습니다.

그런데 몇 해 뒤, 더 큰 일이 일어났습니다. 어느 날 한 무리의 사람들이 오더니 말뚝을 박고 길을 재기 시작했습니다. 마을 사람들은 무슨 일이냐고 물어 보았습니다.

"이 길을 포장하려고요. 차도 많이 다니고 먼지가 많이 나니 아스팔트로 포장을 하려 합니다."

울퉁불퉁한 길이 좋아진다니, 마을 사람들은 무척 기뻐했습니다. 돌배나무도 기뻐했습니다. 이제 더 이상 흙먼지가 괴롭히지 않을 테니까요.

하지만 기쁨도 잠깐이었습니다. 곧고 넓은 길을 내자니 돌배나무가 길 중간에 있게 된 것입니다. 도로 포장을 하려면 이 나무가 없어야 될 텐데, 베어 버리지도 못하고 그냥 두자니 길이 구부러지고…….

마을 사람들은 현장 소장과 의논하여 나무를 옮기기로 결정했습니다. 이 소문은 산 속에 사는 큰손 할아버지에게도 전해졌습니다.

"나무는 그냥 두고 길을 비켜 가도 되지 않습니까?"

할아버지는 나무를 그대로 둔 채 길을 비켜 가자고 했지만, 현장 소장은 고개를 절레절레 저었습니다.

"할아버지, 길이 굽으면 교통사고도 많이 나고 결국은 이 나무도 죽게

뿌리돌림 순서 : 예를 들어 뿌리돌림을 3년 동안 한다면, 나무 둘레를 여섯 등분으로 나누고 해마다 ①, ②, ③을 두 부분씩 차례로 진행한다.

실뿌리 만들기 : 뿌리를 덮고 있는 흙을 파낸 뒤 뿌리의 껍질을 1~2cm 정도 동그랗게 벗겨 낸다. 흙을 다시 덮고 1년쯤 지나면 자연스럽게 실뿌리가 만들어진다.

1년 후

뿌리돌림 : 나무를 옮겨 심을 때는 모든 뿌리를 그대로 옮길 수 없다. 나무 밑동 지름의 2~2.5배 정도의 뿌리만을 남기고 모두 잘라 낸 다음 옮기게 된다. 이때, 어린 나무는 큰 문제가 없지만 노거수(수령이 많고 커다란 나무)일 경우 뿌리 끝에서 물과 양분을 흡수하는 실뿌리는 모두 잘려 나가고 굵은 뿌리만 남게 된다. 그래서 노거수를 옮길 때는 꼭 뿌리돌림을 해야 한다. 뿌리돌림은 나무를 옮겨 심은 뒤에도 물과 양분을 흡수할 수 있게 뿌리를 자를 부분에 실뿌리를 만들어 주는 것이다. 뿌리돌림은 나무의 크기에 따라 여러 해가 걸릴 수 있다.

돼요. 이미 옮기는 것으로 결정이 났으니 나서지 마세요."

할아버지도 더 이상 고집을 피울 수는 없었습니다.

"그럼 언제 옮길 겁니까?"

"내일이라도 당장 옮겨야지요."

"무슨 소리예요. 이렇게 큰 나무를 하루아침에 옮긴단 말입니까?"

"우리는 그저 위에서 시키는 대로 할 뿐이에요. 이까짓 나무 한 그루 때문에 공사를 중단할 순 없지 않습니까?"

"이렇게 큰 나무를 옮기려면 적어도 3년은 걸려야 합니다. 이 나무는 어린 나무와 달리 몸통 주변에 굵은 뿌리만 있고 실뿌리는 거의 없어요. 지금부터 몇 년에 걸쳐 차례차례 굵은 뿌리를 잘라 주면 실뿌리가 생길 테니, 그렇게 뿌리돌림을 해서 옮깁시다."

큰손 할아버지는 애원하다시피 사정했지만, 현장 소장은 말을 듣지 않앉습니다. 이튿날 인부들은 포클레인과 기중기로 돌배나무를 손쉽게 길 옆으로 옮겨 놓았습니다.

　이렇게 단번에 옮겨진 돌배나무는 할아버지의 말대로 하루가 다르게 쇠약해져 갔습니다. 할아버지는 날마다 돌배나무를 돌보러 마을로 내려갔습니다. 링거 주사도 놓아 주고 물도 주고 정성껏 돌보았지만 통통하게 부풀어 올라와야 할 꽃망울들은 바짝 마른 채 그런 낌새도 보이지 않습니다. 이제 돌배나무는 큰손 할아버지도 더 이상 손을 쓸 수 없을 만큼 쇠약해진 것입니다.

죽어 가는 돌배나무를 뒤로 하고 할아버지는 터덜터덜 집으로 발걸음을 옮깁니다. 집에 돌아오니 지난날 그 돌배나무에서 열매를 받아 마당 한켠에 심어 놓은 돌배나무에 하얀 꽃이 피었습니다. 해마다 하얀 꽃을 피워 할아버지를 기쁘게 해 주겠다던 할머니의 말이 떠올랐습니다. 할아버지의 눈에 눈물이 고입니다. 할머니의 뼛가루를 묻었던 그 돌배나무가 죽어 가는 모습과 함께 할머니 모습이 떠올라 좀처럼 눈물이 멈추지 않습니다. 큰손 할아버지는 마당의 돌배나무를 꼭 껴안아 줍니다.

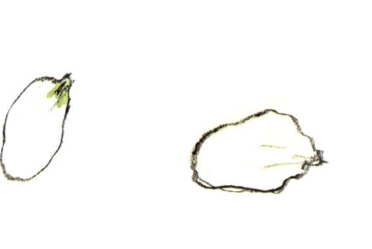

5. 은행나무 이야기

며칠 동안 비가 오지 않은 탓인지 밭에서는 제법 후끈후끈한 열기가 올라오는데, 큰손 할아버지는 어린 나무들을 심어 놓은 밭에서 김을 매고 있습니다. 잠깐만 돌보지 않아도 웃자란 풀들이 어린 나무들을 덮어 버리기 때문에 시간 나는 대로 풀을 뽑아 주어야 하거든요.

그때 저쪽에서 할아버지를 찾는 소리가 들렸습니다.

"큰손 할아버지. 큰손 할아버지, 거기 계세요?"

"대체 누구지?"

사십쯤 되어 보이는 아저씨 한 분이 가쁜 숨을 몰아쉬며 다가옵니다.

"할아버지가 나무 의사 큰손 할아버지 맞으신가요?"

"허허허! 사람들이 나를 보고 그렇게 말하더군요. 그래, 무슨 일로 나를 찾아오셨소?"

"저희 마을에 있는 은행나무 때문에 왔습니다."

"은행나무에 무슨 일이 있나 보군요."

"예. 잘 자라던 나무가 몇 해 전부터 시들시들합니다."

"……."

큰손 할아버지의 얼굴이 점점 어두워집니다.

"어르신께서 같이 가 주시면 고맙겠습니다. 사연이 많은 나무인데 꼭 살려야 합니다."

큰손 할아버지는 연장 가방을 챙겨 들고 아저씨를 따라 나섭니다. 산길을 내려가며 아저씨는 큰손 할아버지에게 은행나무에 관한 이야기를 들려주었습니다.

"아주 오래 전 일입니다."

하고 아저씨는 이야기를 시작했습니다.

어느 날, 마을에 사는 아이 하나가 건넛마을에 놀러 갔다가 정자나무를

은행나무
Ginkgo biloba
은행나무과 잎지는큰키나무

3억 년 전부터 공룡과 함께 지구에 살았던 나무이다. 넓은잎나무처럼 보이지만 바늘잎나무이다. 오염이 심한 곳에서도 잘 자라 가로수로 많이 심는다.

봤습니다. 그제야 자기 마을에 정자나무가 없다는 것을 안 아이는 마을의 나이 많으신 할아버지한테 여쭈어 보았습니다.

"할아버지, 왜 우리 마을에는 정자나무가 없어요? 며칠 전 건넛마을에 다녀왔는데, 그 마을에는 정자나무가 있던데요."

그러자 할아버지는 오래 전 이야기를 들려주었습니다.

"아마 그 수컷 은행나무를 보고 온 거로구나."

"예?"

"우리 마을에도 커다란 암컷 은행나무가 있었단다. 네가 보고 온 건넛마을 수컷 은행나무와 한 쌍을 이루던 나무였지. 그러니까 비바람이 심하게 몰아치던 어느 날이었어. 천둥 번개까지 밤새 쳐 댔으니 얼마나 무서웠겠니? 내 평생 그런 비바람은 본 적이 없으니까. 그날 밤 이불을 뒤집어쓰고 꼼짝도 못 했지. 다음날 나가 보니 밤새 내리친 번개에 맞아 은행나무가 다 타 버렸더구나! 아마 지금까지 살아 있었다면 아주 커다란 나무가 되었을 테지……."

할아버지 말이 끝나자마자 아이는 또 물었습니다.

"그럼 왜 나무를 다시 심지 않았어요?"

"다시 심어서 언제 커다란 정자나무가 되겠니?"

아이는 이제라도 나무를 심어 큰 정자나무가 있는 마을을 만들어야겠다고 생각했습니다. 그래서 아버지를 졸라 조그만 은행나무 묘목을 구했습니다. 아이는 물이 흐르는 냇가 옆 비탈진 곳에 은행나무를 정성껏 심었습니다.

"지금은 아주 작지만 무럭무럭 커서 앞으로 마을 사람들에게 시원한

그늘을 만들어 주어라."

아이는 나지막이 속삭였습니다.

은행나무는 아이의 말을 알아들은 듯 무럭무럭 자랐습니다. 뿌리는 땅속 깊숙이 뻗어 갔고, 가지는 하늘을 향해 팔을 한껏 벌리고 햇빛을 받아 차츰차츰 몸을 불려 갔습니다.

세월이 흘러 아이는 이제 자식들을 둔 어른이 되었습니다. 그이는 밭에서 일을 할 때면 늘 은행나무 아래서 밥을 먹었습니다. 때때로 마을 사람들은 그런 그를 비웃기도 했습니다.

"언제 커서 정자나무가 되려나!"

하지만 그이는 묵묵히 은행나무를 돌보기만 했습니다. 그렇게 은행나무가 한 뼘 한 뼘 자라는 동안, 그 나무를 키우던 아이는 하루하루 늙어가 머리가 하얗게 센 할아버지가 되었습니다. 이제 움직이기도 힘들어진 할아버지는 늘상 은행나무를 바라보며 혼자서 중얼거렸습니다.

"이제 나도 살 날이 얼마 남지 않았구나! 내가 없어도 은행나무를 잘 보살펴야 할 텐데……."

할아버지는 세상을 떠나기 전에 자식들에게 유언을 남겼습니다.

"애들아, 내가 죽은 뒤에도 은행나무를 잘 가꾸어라. 우리 마을에도 정자나무 한 그루쯤은 있어야 하지 않겠니?"

할아버지가 돌아가신 뒤, 할아버지의 자식들뿐만 아니라 마을 사람들도 할아버지의 뜻을 받들어 은행나무를 보살폈습니다. 그렇게 하여 은행나무는 마을 사람 모두의 나무가 되었습니다. 은행나무는 이에 보답이라도 하듯 해마다 노란 열매를 떨어뜨려 주곤 했습니다. 그 은행나무는 암나무(암수딴그루인 나무에서 열매가 열리는 나무)였던 것입니다. 아마도 건넛마을의 수나무(암수딴그루인 나무에서 열매가 열리지 않는 나무)인 은행나무가 날려 보낸 꽃가루를 받아 열매가 주렁주렁 열렸나 봅니다.

그렇게 세월이 흘러 은행나무가 정자나무가 될 만큼 자라자 마을 사람들은 모두 기뻐했습니다.

"정말 훌륭하게 자랐는걸!"

"훌륭하다뿐이겠어? 이제, 우리 마을에도 정자나무가 생긴 거야!"

"그런데 나무가 비탈진 곳에 있어 좀 불편하겠는걸! 비탈진 곳에 흙을 돋우어 평평하게 만들어야겠어."

마을 사람들은 삽과 손수레로 흙을 퍼다 비탈진 곳을 평평하게 돋우었습니다.

"자, 이제 마을 사람들이 모두 모여 쉴 수 있게 됐으니 마을 잔치라도 벌이세!"

사람들은 모두 즐거워했습니다. 어린아이들은 튼튼하게 뻗은 가지에 그네를 매고 놀았고, 할머니와 할아버지들은 나무 그늘에 앉아 옛날 이야기를 나누기도 했습니다. 하지만 이렇듯 즐거워하는 마을 사람들과는 달리, 해가 갈수록 은행나무는 쇠약해져 갔습니다. 잎은 점점 작아지고 열매를 맺기도 힘든 듯 조그만 열매를 맺다간 떨어뜨리곤 했습니다.

"왜 그러지?"
"무슨 일일까?"
"어디가 아프기라도 한 걸까?"
"마을에 무슨 안 좋은 일이라도 생기려나?"
 까닭을 모르는 마을 사람들은 힘없는 은행나무를 안타깝게 바라볼 수밖에 없었습니다. 그러다 큰손 할아버지에 대한 이야기를 듣게 된 것입니다.

 저 멀리 은행나무가 보이기 시작합니다. 마을 사람들이 모두 나와 큰손 할아버지를 맞이합니다. 할아버지는 은행나무의 축 처진 가지를 찬찬히 살펴보더니 말문을 열었습니다.

나무 뿌리 : 나무 뿌리가 하는 일은 크게 세 가지가 있다. 첫째, 나무가 쓰러지지 않게 지탱해 준다. 둘째, 물과 양분을 흡수한다. 셋째, 나무에 필요한 양분을 저장한다.

뿌리와 가지 : 나무의 뿌리는 보통 가지가 뻗어나간 만큼 뻗어 있다.

수평근 : 실뿌리가 가장 많은 곳이다. 대부분의 물과 양분을 흡수하는 뿌리다. 나무가 쓰러지지 않게 나무를 지탱해 준다.

주근 : 직근이라고도 한다. 밑으로 곧게 뻗는다. 나무가 쓰러지지 않게 나무를 지탱해 준다.

나무 뿌리 가운데 땅 속 20cm 정도의 깊이에 있는 뿌리들이 호흡을 하고 영양분을 흡수한다.

뿌리 부분에 흙을 너무 많이 덮으면 뿌리는 숨을 쉴 수 없고, 영양분을 흡수하는 데 어려움을 겪을 뿐만 아니라 썩게 된다.

"저런, 뿌리가 숨을 쉬지 못해 질식을 했군요."

"나무도 질식을 하나요?"

사람들은 놀라서 되물었습니다.

"나무라고 사람과 다를 게 있겠습니까? 목숨이 붙어 있는 건 모두 숨을 쉬어야 살 수 있지요."

큰손 할아버지는 마을 사람들이 지켜보는 가운데 뿌리를 뒤덮고 있는 흙을 파냈습니다.

"땅을 평평하게 만드느라 나무 밑동을 덮은 흙 때문이에요. 돋우었던 흙을 파내면 목숨엔 지장이 없을 테니, 당장 흙부터 걷어 냅시다."

"그렇군요. 어서 서두릅시다."

마을 사람들은 몇 해 전에 했듯이, 다시 삽과 손수레를 끌고 와 평평하게 돋우었던 흙을 파냈습니다. 흙을 모두 파내자 드러난 줄기는 검게 변해 있었고, 뿌리는 숨을 쉬지 못해 실뿌리가 거의 없었습니다.

"이것 보세요. 검게 변했죠? 여러분들이 편하게 나무 밑에서 쉴 때 이 나무는 속이 새까맣게 타들어간 겁니다."

"……."

"자, 그렇게 서 있지들 말고 이리 와서 뿌리도 한번 보세요. 실뿌리가 없으니 영양분인들 얼마나 빨아들였겠어요? 나무도 사람과 똑같아요. 우리가 숨을 쉬고 살아야 밥도 먹고 움직일 수 있듯이, 나무도 숨을 쉬어야 실뿌리가 돋아나서 영양분도 잘 빨아들일 수 있는 거지요."

그렇게 흙을 걷어 내고 몇 년이 지나자 은행나무는 다시 생기를 되찾았습니다. 마을 사람들은 비탈진 곳에 말뚝을 박고 마루를 깔아, 은행나무 아래를 다시 쉼터로 만들었습니다. 그리고 마을 사람들은 아팠던 은행나무를 기억하며, 조그만 푯말 하나를 세웠습니다.

6. 반송 이야기

"큰손 할아버지 오셨어요? 편지 온 게 있는데 가져가세요."
 큰손 할아버지에게 오는 편지는 모두 아랫마을 이장님 댁에 맡겨진답니다. 우체부 아저씨가 깊은 산골에 있는 큰손 할아버지 집까지 편지를 배달하려면 오가는 데 한나절이나 걸리기 때문이죠. 그래서 할아버지는 마을에 볼일을 보러 나갈 때면 꼭 이장님 댁에 들러 우편물을 찾아가곤

합니다.

'누가 보낸 걸까?'

큰손 할아버지는 길모퉁이 바위에 걸터앉아 고개를 갸우뚱거리며 편지를 뜯어 봅니다. 편지는 강원도 깊은 산골에 있는 어떤 스님이 보낸 것이었습니다.

안녕하세요, 큰손 할아버지!

저는 강원도 횡성 깊은 산 속에 있는 조그마한 암자에서 큰스님을 모시고 사는 동자승입니다. 저희 절에 자주 들르시는 보살님이 할아버지께서 나무와 친구처럼 지내신다는 소문을 전해 주셔서 이렇게 편지를 보내게 되었습니다.

요즘 잠이 들면 법당 앞마당에 있는 부챗살처럼 넓게 퍼진 소나무가 꿈속에 자꾸 나타난답니다. 그리고서는, "스님, 절 좀 살려 주세요. 전 지금 몹시 아픕니다." 하고 큰 절을 꾸벅 하는 거예요.

그래서 소나무를 자세히 살펴보았는데, 잎은 새파랗게 잘 자라고 있어요. 겉으로 보기엔 아무 문제가 없는 것 같은데, 무슨 일일까요? 아무리 바쁘셔도 꼭 한번 와 주세요.

참, 제 법명은 일엽(一葉), 나뭇잎 한 장이란 뜻이에요.

일엽 올림

편지를 다 읽은 뒤 할아버지는 생각에 잠겼습니다.
'나무에 무슨 일이 있음에 틀림없어. 그러니 꿈에 나타나는 거겠지.'
큰손 할아버지는 마음이 조급해졌습니다. 멀쩡한 사람도 병원에 가 보면 그동안 몰랐던 병이 드러나는 일이 흔하기 때문입니다. 겉으로 보기에 아무렇지도 않은 나무가 꿈 속에 자꾸 나타난다니 무슨 일이 있는 게 분명하죠.
이튿날 아침, 할아버지는 동자승에게 줄 과자와 꿀, 그리고 나무를 치료할 때 쓰는 연장을 배낭에 넣고 길을 나섰습니다. 길 옆에는 풀들이 제법 무성하게 자랐고, 곧 장마가 시작되려는 듯 끈끈한 바람이 불어 옵니

다. 버스를 여러 번 갈아타고 암자에 도착했습니다. 암자 들머리에는 커다란 소나무들이 죽 늘어서 있습니다.

"큰손 할아버지신가요?"

절에 도착하자마자 동자스님이 뛰어나오면서 반갑게 큰손 할아버지를 맞이합니다. 하지만 할아버지는 인사를 받는 둥 마는 둥 허겁지겁 소나무 쪽으로 뛰어갑니다.

"스님, 인사는 나중에 하고 나무부터 살려야겠습니다. 삽과 지렛대가 필요한데 가져다 주시겠습니까?"

"나무에 무슨 큰 문제가 있는 건가요?"

호랑가시나무

느티나무

넓은잎나무 : 잎이 평평하고 넓은 나무를 '넓은잎나무'라고 한다. 넓은잎나무에는 호랑가시나무처럼 '늘푸른넓은잎나무'도 있고, 느티나무처럼 '잎지는넓은잎나무'도 있다.

"나무를 처음 이곳에 심을 때 주변에 돌들을 빙 둘러쌓아 놓은 게 문제예요. 어서 삽과 지렛대를 가져오셔야지요."

일엽 스님이 삽과 지렛대를 가져오자 큰손 할아버지는 나무의 목을 조르고 있는 돌들을 하나씩 들어 내기 시작합니다. 큰스님은 거동이 불편한가 봅니다. 먼발치에서 일엽 스님과 큰손 할아버지가 하는 일을 지켜보고만 있습니다.

땅을 파고 돌을 들어 내자, 나무는 돌이 박혀 있던 자리가 움푹움푹 파였고 곳곳에 상처가 드러납니다. 게다가 뿌리는 돌에 눌려 납작하게 되었고, 거무튀튀한 색깔은 그동안 나무가 얼마나 고통스러웠는지 말해 줍니다. 큰손 할아버지는 돌을 다 치우고 나서 그동안 나무에 어떤 문제가 있었는지 일엽 스님에게 자세히 설명해 주었습니다.

"소나무는 운동선수의 근육처럼 뿌리가 땅 위로 울퉁불퉁 튀어 올라와 있어야 합니다. 그런데 이 나무는 뿌리가 튀어 올라오기는커녕 커다란 돌에 눌려 있었습니다."

"왜 소나무는 뿌리가 땅 위로 튀어 올라와야 하

는 거예요?"

일엽 스님은 고개를 갸우뚱거리며 묻습니다.

"나무의 뿌리도 줄기처럼 숨을 쉬어야 하기 때문에 땅 위로 올라오고 싶어하는 거죠."

"그렇군요."

"그리고 목을 조르고 있던 돌 때문에 나무 밑동 부분이 제대로 자라질 못했어요. 오히려 밑동보다 줄기가 더 굵게 자라 있으니 얼마나 위태로워 보입니까? 그리고 이 나무는 반송이라서 밑동이 잘록해지면 훨씬 더 위험하지요."

보통 소나무는 줄기 하나가 곧게 올라가 위에서 여러 갈래로 가지를 뻗습니다. 하지만 반송은 밑에서부터 여러 갈래로 가지를 뻗어 마치 부채를 펴 놓은 것 같은 모양을 하고 있지요. 이렇게 여러 갈래로 넓게 뻗은 가지들을 지탱하려면 밑동이 굵고 튼튼해야 합니다. 게다가 반송은 '늘푸른바늘잎나무'라서 겨울에도 잎이 지지 않습니다. 아직 겨울이 오려면 멀었지만 눈이 내려 잎 위에 쌓이게 되면 그 무게를 지탱할 수 없어 더 위험해지는 거죠.

전나무

주목

바늘잎나무 : 소나무, 주목, 전나무와 같이 잎이 바늘처럼 좁고 긴 나무를 '바늘잎나무'라고 한다. 넓은잎나무보다 종류가 적지만 건조와 추위에 강하다. 바늘잎나무에는, 겨울에도 잎이 떨어지지 않는 '늘푸른바늘잎나무'와 잎갈나무나 낙우송처럼 '잎지는바늘잎나무'도 있다.

소나무
Pinus densiflora
소나무과 늘푸른바늘잎나무

우리나라 어디에서나 햇빛이 드는 곳이라면 잘 자란다. 잎은 보통 두 개씩 모여서 난다. 누런빛 수꽃에서 노란 꽃가루가 날린다. 꽃이 진 다음해에 4cm의 솔방울이 여물어 벌어진다.

할아버지는 밑동이 잘록해진 반송을 애처롭게 바라본 뒤 다시 치료를 합니다.

"나무가 건강을 되찾을 때까지 가지와 가지를 묶어 밑동이 버티는 힘을 덜어 주어야겠습니다. 밑동이 잘록해진 상태에서 지금처럼 넓게 퍼져 있는 가지들을 그대로 두면 밑동이 그 무게를 견뎌 내기가 쉽지 않을 테니까요. 가지와 가지를 묶어 모아 주면 밑동이 견뎌야 하는 힘을 조금은 덜어 줄 수 있을 겁니다. 그러니 스님께서는 밧줄을 좀 구해 주셔야겠습니다."

"이렇게 큰 돌이 박혀 나무를 괴롭히고 있을 줄은 몰랐어요."

"아마 누군가 이곳에 나무를 처음 심을 때 예쁘게 보이려고 돌을 쌓아 두었나 봅니다. 사람들 눈에는 예뻐 보일지 몰라도 나무에게는 아주 치명적이죠."

일엽 스님이 밧줄을 가져오자 큰손 할아버지는 가지와 가지를 묶기 시작했습니다. 하지만 가지들을 서로 묶어 놓고 보니, 곧 시작될 장마가 문제입니다.

돌 치우기 : 밑동과 뿌리가 돌에 눌리면 밑동은 잘록해지고, 뿌리도 제대로 자라지 못한다. 이런 상태가 계속 되면 물과 양분의 이동도 어렵다.

도려 내기 : 돌에 눌린 부분은 제대로 자라지 못하고 썩게 된다. 나무가 계속 썩지 않게 썩은 부분을 도려 낸다.

상처 치료하기 : 썩은 부분을 도려 낸 곳에 빗물이 들어가면 또다시 썩게 되고, 균이 들어갈 수도 있다. 그래서 빗물과 균이 들어가지 못하게 상처 치료제를 바른다.

받침대 세우기 : 밑동이 잘록해 바람이 불면 쓰러질 수도 있다. 나무가 쓰러지지 않게 받침대를 세우고, 가지와 가지를 서로 밧줄로 묶는다.

반송
Pinus densiflora
소나무과 늘푸른바늘잎나무

잎은 두 개씩 모여난다. 씨앗으로도 번식하지만 적송이나 흑송에 접붙이기를 많이 한다. 씨앗에서 자란 나무는 성장이 느리지만 오래 살고, 접붙이기한 나무는 빨리 자라지만 수명이 짧다. 솔방울이 2~3cm로 소나무에 비해서 작다. 줄기 밑 부분부터 같은 크기의 가지가 많이 갈라져 나와 우산 모양을 이루며 정원수로 많이 심는다.

"안 되겠습니다. 장마가 지면 가지와 잎들이 물을 많이 머금을 텐데 그 무게를 이기지 못할 테니 좀 보기 싫더라도 당분간은 버팀목을 세워야겠습니다."

큰손 할아버지는 다시 가지 곳곳에 버팀목을 세워 놓습니다. 버팀목을 세워 놓고 보니 반송은 어디선가 금방 옮겨 심은 나무 같아 보입니다.

일을 끝내고 나니 벌써 어둑해지려 합니다. 큰손 할아버지는 암자에서 하룻밤 묵어 가기로 했습니다. 저녁을 먹고 난 뒤 할아버지는 슬그머니 꿀과 과자를 일엽 스님에게 건넸습니다. 그러자 일엽 스님 입이 함지박만하게 벌어졌습니다. 일엽 스님이 웃는 모습을 보자 큰손 할아버지도 빙그레 웃으며 말을 꺼냅니다.

"스님 법명이 일엽(一葉)이라고 하셨지요?"
"예!"
"저 반송은 잎이 두 개씩 뭉쳐 있어 이엽(二葉)인데, 저 소나무에게도 법명을 드리는 게 어떻겠습니까? 이엽이라고. 그러면, 스님도 같이 수행할 도반이 생기는 것이니 심심하지도 않을 테고……."

"하지만 이엽이 나이가 저보다 훨씬 더 많으니 어쩌지요?"

"하하하."

그렇게 깊은 산 속 암자의 밤은 깊어만 가고, '이엽'은 이제 불어 오는 바람을 한껏 맞아들입니다.

7. 모과나무 이야기

"어떻게 안 될까요?"
주인은 초조한 듯 큰손 할아버지를 다그칩니다.
"글쎄요. 워낙 나무가 많이 상해서……."
할아버지는 연신 나무를 쳐다보기만 할 뿐, 자신이 없는 눈치입니다.
"할아버지, 아시는지 모르겠지만 이거 굉장히 비싼 나무예요. 우리 집에 오기까지 돈이 얼마나 들었는지 아시면 아마 놀라실 겁니다."

주인은 돈 생각에 속이 쓰린 모양입니다.

"나도 여러 곳을 많이 돌아다녀 봤지만 이렇게 큰 모과나무는 처음 봅니다. 이런 나무를 어디서 구했습니까?"

"말도 마세요. 여기서 아주 멀리 떨어진 남쪽 바닷가에서 옮겨 왔는데, 사연을 말하자면 밤이 새도록 해도 못다 할 겁니다."

큰손 할아버지는 주인이 떠벌리고 싶어하는 지난 이야기는 귓등으로 흘리려는 듯 주섬주섬 연장을 꺼냅니다.

"어디 한번 봅시다. 이런! 나무를 옮길 때 위에 있는 굵은 가지를 너무 많이 잘라 냈군요. 게다가 가지를 자르고 난 뒤에 상처 치료제도 바르지 않았구요."

"상처 치료제요? 그런 것도 있나요?"

"가지를 자른 부분부터 썩어 내려가 밑동까지 속이 텅 비어 있고 군데군데 버섯까지 자라고 있어요. 먼저 죽은 부분을 다 깎아 내야 할 텐데 살

모과나무
Chaenomeles sinensis
장미과 잎지는나무

잎은 긴 타원형이며, 가장자리에 바늘 같은 톱니가 있고 뻣뻣하다. 모과나무는 사람을 세 번 놀라게 한다. 못생긴 열매에 놀라고, 떫은 맛에 놀라고, 달콤한 향기에 놀란다.

도려 내기 : 썩은 부분을 그대로 두면 나무 전체가 썩을 수 있다. 나무가 계속 썩지 않게 썩은 부분을 도려 낸다.

약 뿌리기 : 도려 낸 부분에는 균과 해충이 남아 있을 수 있으므로 약을 뿌려 없앤다. 그리고 나무가 더 이상 썩지 않게 약을 바른다.

줄기 속 채우기 : 나무 속이 비어 있으면 또다시 해충이나 균이 들어갈 수 있다. 그리고 바람이 불면 쓰러질 수도 있고, 빗물이 들어가면 썩을 수도 있다. 그래서 비어 있는 부분을 나무와 비슷한 톱밥 같은 것으로 채워 준다.

링거 주사 놓기 : 쇠약해진 나무가 기운을 차릴 수 있게 영양제 주사를 놓아 준다.

아 있는 부분이 너무 적어요. 수술을 한다 해도 살 가망이 거의 없을 것 같군요."

"절대 죽으면 안 됩니다. 이 나무는 당산나무였어요. 마을을 지켜 준다는 당산나무라고요. 나무가 죽으면 난 벌을 받을 거예요. 할아버지, 제발 좀 살려 주세요."

주인은 울상을 지으며 매달렸습니다.

"나무 장사꾼들이 돈을 잘 쳐준다며 팔라고 할 때 팔았으면 좋았을걸. 돈 잃고 속까지 태우고 있으니 이게 무슨 꼴이람."

큰손 할아버지는 주인의 볼멘소리에 아랑곳하지 않고 죽은 부위를 끌로 쪼아 내고 상처를 치료하고 영양제 주사도 놓았습니다. 하지만 모과나무는 더 이상 서 있을 기력이 없어 보입니다. 300년 이상 서 있었으니 이제 눕고 싶다는 생각뿐, 누굴 원망할 마음도 없나 봅니다. 모과나무는 이곳으로 오면서 모든 걸 체념한 상태였으니까요.

아주 오래 전 푸른 파도를 바라보며 바닷바람으로 다져진 젊은 모과나무는 싱싱한 잎에서 만든 영양분으로 온몸을 다듬기 시작했습니다. 줄기는 운동선수의 근육처럼 다부지게 튀어나왔으며, 붉은 껍질은 튼튼한 갑옷과 같고, 잎은 어떤 비바람에도 찢어지지 않을 만큼 질긴 가죽 같았습니다.

세월이 흐르고 마을 사람들은 모과나무의 신령스러운 모습에 모두들

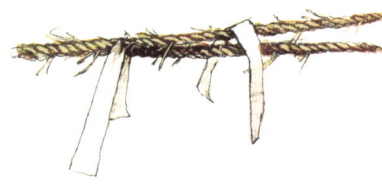

금줄 : 사람이 함부로 드나들지 못하게 할 때, 아이가 태어났을 때, 장을 담글 때 금줄을 걸었다. 금줄을 걸면 귀신이나 병을 쫓을 수 있다고 한다. 지방에 따라서는 큰 나무나 바위를 비롯해 신성한 장소를 표시하기 위해 새끼줄에 흰 종이나 헝겊을 매달아 묶었다.

감탄했습니다. 그리고 언제부턴가 사람들은 나무 줄기에 금줄을 묶고 소원을 빌기 시작했습니다.

"비나이다, 비나이다. 당산나무님께 비나이다. 서울로 간 우리 아들 크게 성공하고 아들딸 잘 낳아 행복하게 살게 해 주십시오."

"비나이다, 비나이다. 우리 남편 고기 잡으러 먼 바다에 나갔으니, 용왕님께 부탁하여 무사히 돌아올 수 있게 비나이다."

마을 사람들은 동녘 하늘이 불그스레 물들기도 전 어슴푸레한 새벽녘에 살며시 와서는 정화수 한 그릇 떠 놓고 저마다 소원을 빌고 갔습니다. 모과나무가 소원을 들어주었는지 사람들은 일이 잘 풀렸습니다.

이제 모과나무는 마을에서 없어서는 안 될 존재가 되었습니다. 정월 대보름에는 마을 사람들이 모두 모여 모과나무에 절을 하며, 한 해 동안 아무 일 없게 해 달라고 제사를 지냈습니다.

그렇게 평화롭던 나날은 어느 날 자동차 한 대가 먼지를 뽀얗게 일으키며 모과나무 앞에 서면서 끝나 버렸습니다.

"와! 이렇게 멋진 모과나무는 처음 보는걸. 우리 집 뜰에다 옮겨 놓으면 좋겠군. 생각만 해도 기분 좋은 일인데? 주인장, 주인장!"

"무슨 일이십니까?"

"이 앞에 있는 모과나무의 주인을 찾는데요."

"저희 집 땅에 있는 나무인데 왜 그러십니까?"

"저 나무가 너무 멋져서요. 돈은 넉넉히 줄 테니 나한테 파시오."

나무 주인은 돈을 많이 준다는 소리에 귀를 쫑긋 세웠습니다. 하지만 걱정이 앞섰습니다.

"저 나무는 우리 마을의 당산나무입니다. 나야 팔면 좋지만, 마을 사람들이 가만 있지 않을 겁니다."

"제가 마을 사람들을 설득하지요."

그날 저녁 마을에서는 잔치가 벌어졌습니다. 돼지를 잡고 막걸리가 나오고 사람들은 얼큰히 취해 갔습니다. 마을에는 나이 드신 할머니, 할아버지가 대부분이었습니다.

"아쉽기야 하지만, 원래 내 나무도 아닌데 주인이 판다면야 할 수 없는 일이지 뭐."

너무도 쉽게 모과나무의 운명은 결정되었습니다.

푸른 바닷바람을 즐기던 모과나무 앞에 시끄러운 소리를 내는 포클레인과 함께 인부들이 나타났습니다. 나무를 파내기 위해 포클레인이 거칠게 땅을 파헤치고, 인부들은 또 나무를 옮기기 쉽게 가지를 싹둑싹둑 잘라 냈습니다. 모과나무는 온몸이 잘리는 고통을 견뎌야 했습니다. 그리고 트럭에 실려 푸른 바다를 떠나 잔디가 심어져 있고 뭉게구름 같은 향나무들이 줄지어 서 있는 마당 한 귀퉁이로 옮겨졌습니다. 새 주인은 손님들한테 모과나무를 구경시켜 주느라 바빴습니다.

분재 : 우거진 숲이나 고산절벽을 떠올릴 수 있게 다양한 기교와 창의력으로 여러 가지 나무 모양을 구성하여 작은 화분에 꾸미는 것이다.

"어떻습니까, 굉장하죠?"

"이거 보통 나무가 아닌 것 같은데요. 얼마나 주고 사셨습니까?"

"글쎄요. 돈 좀 들었습니다."

"이런 나무를 어디서 구하셨습니까?"

주인은 사람들이 나무를 보고 감탄할 때마다 어깨가 으쓱해졌습니다. 하지만, 모과나무는 옮겨 올 때 끔찍하게 잘려 나간 자리를 치료받지 못해 점점 썩고 시들어 갔습니다.

큰손 할아버지는 송글송글 땀이 맺힐 정도로 열심히 모과나무를 치료했습니다. 그리고 긴 한숨을 쉬며 일어납니다.

"방법이 없군요. 더 살 것 같지 않습니다. 나무는 이삿짐 나르듯 그렇게 쉽게 들었다 났다 할 수 있는 게 아닙니다. 그런데 왜 이렇게 가지를 많이 자르셨습니까?"

"분재처럼 멋있게 키우려고 두 키가 넘는 가지는 모조리 잘라 냈지요. 게다가 너무 큰 나무라서 옮겨 오기가 쉽지 않아 가지를 많이 잘라 낼 수밖에 없었습니다."

"어쨌든 이 나무는 목숨이 다한 것 같습니다."

"결국 그렇습니까? 이거 본전도 못 찾는군요."

큰손 할아버지는 모과나무를 천천히 손으로 쓰다듬으며 주인에게 말을 건넸습니다.

"살아 있는 목숨은 함부로 사고 팔 수 있는 게 아닙니다. 나무도 살아 있는 목숨입니다. 죽으면 다시 사면 그만이지 하고 생각해서는 안 된다는 말이에요."

주인은 입을 꾹 다물고 아무 말도 하지 않았지만 불만스러운 표정이 뚜렷합니다. 모과나무는 지난날 늠름했던 모습은 온데간데없이 서서히 죽어 가고 있습니다. 사람들의 욕심이 결국 살아 있는 목숨을 이렇게 만든 것입니다. 큰손 할아버지는 죽어 가는 모과나무를 애처롭게 쳐다봅니다.

8. 잣나무 이야기

"쏴아! 쏴아! 쏴아!"

며칠째 비가 쏟아지고 있습니다. 이렇게 비가 쏟아지는 날이면 큰손 할아버지는 모처럼 한가하게 보낼 수 있답니다. 하지만 요 며칠 큰손 할아버지는 가만히 앉아 있을 겨를이 없습니다. 할아버지 집에 귀한 손님이 왔기 때문입니다. 방학을 맞아 손녀 혜림이가 큰손 할아버지를 찾아온 것입니다. 할아버지에게 혜림이만큼 귀한 손님은 없습니다. 할아버지는 혜림이에게 줄 감자와 옥수수를 굽기도 하고, 고장난 연장을

손보기도 하느라 여간 바쁜 게 아니랍니다.

　다음날, 며칠 동안 쉬지 않고 내리던 비가 그쳤습니다. 큰손 할아버지와 혜림이는 습기에 눅눅해진 이불을 빨랫줄에 널었습니다. 조금 있다 할아버지가 또다시 바쁘게 움직입니다. 연장 가방을 챙기고 자전거에 바람이 안 빠졌나 바퀴를 꾹꾹 눌러 봅니다.

　"할아버지, 어디 가시는 거예요?"

　"음, 저 건너편 산에 있는 잣나무들이 많이 아프단다. 얼마 전에 한번 둘러봤는데, 더 심해지기 전에 치료를 좀 해야 할 것 같구나."

　"할아버지, 저도 데려가 주세요."

　"그러자꾸나. 돌아오는 길에 읍내에 들러 자장면도 한 그릇 먹고 오자."

　혜림이는 자전거 뒷자리에 앉아 할아버지 허리를 꼭 껴안았습니다. 큰손 할아버지의 낡은 자전거가 터덜터덜 산길을 내려갑니다.

　도착한 곳은 산을 깎아 커다란 건물을 짓고 있는 곳이었습니다. 길까지 잘 포장되어 있는 것으로 보아 건물이 여러 채 들어설 모양입니다. 길 사

잣나무
Pinus koraiensis
소나무과 늘푸른바늘잎나무

높은 산이나 추운 곳에서 잘 자란다. 잎은 다섯 개씩 뭉쳐서 난다. 열매는 음식으로 먹거나 기름을 짜기도 하며, 목재는 집을 짓거나 배를 만드는 데 쓴다.

이에 있는 숲에는 할아버지가 두 팔을 벌려 안아도 손이 닿지 않을 만큼 커다란 잣나무들이 우뚝우뚝 서 있습니다. 하지만 위를 올려다보니 잎들은 말라 갈색으로 변해 있고, 나무 껍질은 군데군데 구멍이 뚫려 있습니다. 다른 곳에 있는 잣나무와 달리 이곳에 있는 잣나무들은 생기도 없고 잎은 축 처져 있습니다.

혜림이는 잣나무를 둘러본 뒤 할아버지에게 물었습니다.

"할아버지, 그런데 이 나무들은 왜 이렇게 구멍이 많아요?"

"좀이나 바구미가 침입한 것 같구나."

"방금 전에 오면서 봤던 잣나무들은 괜찮은 것 같던데 왜 여기 있는 나무들만 이런 거예요?"

"그건 이 나무들이 이 숲에서 가장 약한 나무라서 그렇단다. 사람들은 좀이나 바구미 같은 곤충들을 해충이라고 하지만, 오히려 그런 해충들이 숲을 더욱 건강하게 만들기도 하지."

"해충이 어떻게 숲을 건강하게 만들 수 있어요?"

혜림이는 믿을 수 없다는 듯 큰손 할아버지에게 묻습니다.

"사람들이 보기에 해충들은 아무짝에도 쓸모없는 벌레라고 생각하지만, 사실은 그렇지 않단다. 건강한 나무는 자기를 방어하는 물질을 만들어 낼 수 있지만 약한 나무는 그럴 수 없어 쉽게 해충의 먹이가 되는 거지. 이렇게 해서 약한 나무가 죽게

좀

바구미

잣나무 해충 : 좀이나 바구미는 잣나무 줄기에 구멍을 뚫고 들어가 알을 낳거나 목질부를 파먹는다. 벌레가 파먹은 부분은 물과 양분이 오르내리지 못하고 균이 들어가 썩게 된다.

되면 남아 있는 건강한 나무들이 튼실한 씨앗을 만들어 숲은 더욱 건강하게 되는 거야."

"그럼 여기 있는 나무는 다 죽게 되나요?"

"아니란다."

큰손 할아버지는 구멍이 숭숭 뚫린 나무의 껍질을 꾹꾹 눌러 보더니 말을 이어 갑니다.

"이 녀석은 껍질이 딱딱한 걸 보니 해충이 침입한 지 얼마 되지 않은 것 같구나. 더 이상 해충이 들어가지 못하게 붕대를 감아 주면 죽지는 않을 거야."

큰손 할아버지는 구멍마다 애벌레를 죽이는 약을 넣은 뒤 붕대를 감아 줍니다. 붕대 감은 모습이 꼭 뼈를 다친 사람이 깁스한 것 같습니다. 사람 같으면 중환자실에 누워 있어야 할 텐데 나무는 아파도 서 있습니다.

큰손 할아버지와 혜림이는 다시 길가에 있는 나무들을 하나하나 눈여겨 살펴봅니다. 두 아름이나 되는 큰 잣나무가 속이 텅 비어 있습니다.

"할아버지, 이 나무는 속이 텅 비어 있네요. 이렇게 속이 비어도 살 수 있나요?"

"나무의 속은 죽어 있는 세포들로 채워져 있기 때문에 속이 비어도 살 수 있단다. 하지만 오랫동안 썩어 있는 상태에서 속이 비어 있으면 나무가 쇠약해지니, 오늘은 이 잣나무를 치료해야겠구나. 더 이상 썩지 않게 말이야."

살충제 넣기 : 구멍 속에 해충이 있는 것을 확인한 뒤, 주사기로 살충제를 넣는다.

붕대 감기 : 더 이상 해충이 들어가지 못하게 붕대로 구멍 부분을 감아 준다.

"참 신기해요. 속이 비어 있어도 살아갈 수 있다니……."
"이제 수술을 시작해야겠다."
수술을 한다는 말에 혜림이는 깜짝 놀라 묻습니다.
"나무도 수술을 받아요?"
"그럼, 사람하고 다를 게 없지. 다만 사람이나 동물과 달리 위장이나 창자, 허파, 심장과 같은 소화기관이나 순환기 계통이 없기 때문에 외과 수술을 받는단다. 혜림이가 좀 도와 줘야겠구나. 끌과 망치부터 주련?"
큰손 할아버지는 하얗고 딱딱한 살아 있는 조직이 나올 때까지 끌과 망치로 썩어 있는 부분을 쪼아 냅니다.
"거의 다 떼어 내긴 했는데 아직도 썩은 부분이 남아 있구나. 이런 건 솔로 문질러 말끔히 떼어 내야 한단다. 철사로 된 솔을 좀 집어 주겠니?"

옹두리 : 바늘잎나무는 몸에 상처가 나면 송진이 나온다. 송진은 상처를 덮어 빗물이나 균이 들어가지 못하게 한다. 상처에 빗물이 들어가면 나무가 썩을 수도 있다. 넓은잎나무는 송진이 없다. 대신 새살 조직이 상처 부분을 덮어 빗물이나 균이 들어가지 못하게 한다. 이런 흔적을 옹두리라고 한다.

 큰손 할아버지는 솔로 나무 속을 문지른 다음 알코올을 꺼내 붓으로 칠합니다.

 "할아버지, 그렇게 나무를 긁으면 나무가 아프지 않을까요?"

 "사람도 피부에 종기가 났을 때 고름을 짜지 않니? 그럴 때 아프다고 덜 짜내면 계속 곪아 상처는 아물지 않고 더 커진단다. 그러니 썩은 부분을 모조리 긁어 내야 하는 거지. 그리고 우리도 다치면 새살이 돋아나듯 나무도 스스로 치료하는 물질이 나오거든. 저 나무에 혹 보이지? 저런 혹을 '옹두리'라고 하는데, 커다란 상처의 흔적이지. 건강한 사람이 빨리 낫는 것처럼 나무도 건강하면 상처가 쉽게 아물 수 있단다."

 큰손 할아버지는 알코올이 마를 즈음 나무의 상처에 다시 치료제를 바릅니다. 꼭 사람의 상처에 연고를 발라 주는 것처럼 말입니다.

"그런데 할아버지, 여기 있는 나무들은 왜 치료를 해 주죠? 아까 숲 속에 있는 건강하지 못한 나무들은 해충들이 나서서 죽이니까, 숲 전체는 강해진다고 하셨잖아요."

"그러게, 오늘 할아버지가 괜한 일을 한 건가? 하지만 여기 이 숲은 이제 스스로 건강해질 수 없게 됐단다. 사방에 아스팔트가 덮이고 차가 다닐 텐데 어떻게 건강해질 수가 있겠니?"

9. 씨앗 받기

 아직 동이 트지 않은 어스름한 새벽입니다. 큰손 할아버지네 굴뚝에서 하얀 연기가 모락모락 피어나고 있습니다. 그리고 커다란 건전지에 묶인 오래된 라디오가 안테나를 쫑긋 세운 채 나지막한 소리로 노래를 흘려 보냅니다. 큰손 할아버지는 라디오를 무척 좋아한답니다. 아침에 눈을 뜨면 맨 먼저 라디오를 켜고 안테나를 이리저리 움직여 소리가 가장 잘 나오는 쪽으로 맞춰 놓습니다. 사람들이 무슨 재미로 산 속에서 사냐고 물으면

할아버지는 기다렸다는 듯이,
 "라디오가 있는데 뭐가 심심해요?"
하고 말합니다.
 큰손 할아버지는 아침밥을 차려 부뚜막에 걸터앉아 먹습니다. 새벽 댓바람에 어딜 가려나 봅니다. 딸그락거리는 소리에 덩달이가 부엌 문턱에 턱을 괴고 꼬리를 살랑살랑 흔듭니다.
 "자, 가 볼까!"
 식사를 끝낸 할아버지는 커다란 배낭을 메고 집을 나섭니다. 그 안에는 시린 산바람에 할아버지를 지켜 줄 두툼한 외투, 배를 채울 고소한 미숫가루와 빵 그리고 달콤한 딸기잼이 들어 있습니다. 그리고 그 밑에는 잘 개켜진 촘촘한 망사가 차곡차곡 들어 있습니다.
 "어이. 이 녀석!"
 덩달이가 발치에서 재롱을 부리자 할아버지는 허허 웃으며 바라봅니다. 큰손 할아버지가 집을 나설 때면 개구쟁이 덩달이도 언제나 따라나섭니다. 한 번은 자전거를 타고 읍내에 갈 때도 따라왔는데, 어찌나 힘이 좋은지 길로 따라오지 않고 산으로 들어가 오르락내리락하면서 정신을 쏙 빼놓았습니다.
 큰손 할아버지가 산에 갈 때는 덩달이를 그리 달가워하지 않습니다. 덩달이는 마치 자기가 할아버지를 지켜 주겠다는 듯 먼 데서 산짐승의 발자

국 소리라도 들릴라치면 영락없이 짖어 대기 때문입니다. 할아버지를 지켜 주는 게 고맙기는 하지만 산짐승들이 놀라서 달아나는 모습이 여간 안쓰러운 게 아닙니다. 게다가 가까이서 산짐승을 만날 기회도 놓치게 되니까요. 덩달이는 그것도 모르고 데려가 달라는 듯 옆에서 꼬리를 흔들며 짖어 댑니다.

"멍! 멍!"

"녀석, 목청도 좋구나."

지난번 산에 갔을 때는 덩달이가 밤에 계속 짖어 대기에 일어나 보니 고슴도치 한 마리가 오도 가도 못 하고 동그마니 웅크리고 있었습니다. 아마 호기심 많은 덩달이가 밤송이처럼 생긴 고슴도치를 건드리다 코끝을 찔린 듯했습니다. 결국 할아버지는 덩달이를 고슴도치한테서 떼어 놓기 위해 부랴부랴 자리를 옮길 수밖에 없었지요.

덩달이는 오늘도 어김없이 따라나섭니다. 배낭을 멘 큰손 할아버지가 어디로 갈지 벌써 눈치를 챈 모양입니다.

"오냐, 알았다. 길동무나 하며 가자꾸나."

결국 할아버지는 덩달이가 따라오는 것을 허락합니다. 할아버지는 덩달이를 앞장세우고 마을 뒷산으로 올라갑니다. 이 산은 험하지 않아 아이들도 쉽게 오르내릴 수 있지만, 가다 보면 높이가 1000여 미터나 넘는 큰 산으로 이어지고, 또 산등성이를 따라 계속 가면 백두대간에 이를 수 있는 산의 끄트머리입니다.

큰손 할아버지는 천천히 산을 오릅니다. 뒤에 짊어진 짐도 제법 무거운 데다가 오래 걸으려면 숨 조절도 해야 합니다. 하지만 무엇보다 천천히 걷는 까닭은 나무와 인사를 나눠야 하기 때문입니다. 그 인사는 말로 하는 것이 아니라 눈으로 합니다. 그래서 숲은 고요합니다. 오랜만에 보는

나무들과 인사를 하며 그동안 어떻게 지냈는지 눈여겨봅니다. 태풍에 다친 나무는 없는지, 씨앗은 제대로 여물었는지, 어떤 나무가 새 잎을 많이 틔웠는지 꼼꼼히 살핍니다.

다래 덩굴에게 줄기를 빌려 준 산벚나무는 그것을 후회하듯 가지가 몇 군데 죽어 있습니다. 다래 덩굴이 너무 꼭 껴안은 탓입니다. 지난해 쓰러진 귀룽나무 그루터기 둘레에 쪽동백나무가 새 잎을 틔웠습니다. 아랫잎은 커다란 이파리 끝을 뾰족하게 만들었습니다. 산짐승들이 가시가 달린 줄 알고 잎을 먹지 않나 봅니다. 덩달이는 벌써 보이지 않습니다. 한달음에 산꼭대기까지 올라갔다 제풀에 지치면 다시 내려올 테지요.

해거름쯤 되자 큰손 할아버지는 목적지에 도착할 수 있었습니다. 그곳은 해발 1400미터가 넘는 큰 산 밑에 넓고 오목하게 들어간 아늑한 장소입니다. 둘레에는 물푸레나무, 신갈나무, 음나무, 박달나무, 피나무, 고로쇠나무 같은 큰키나무들이 하늘을 찌를 듯 우람하게 자라고 있습니다. 그리고 아래쪽에는 단풍나무, 쪽동백나무, 생강나무처럼 작은키나무들이 울긋불긋한 옷을 갈아입고 다가오는 겨울을 준비하고 있습니다. 할아버지는 높이 자란 나무들을 흐뭇한 표정으로 바라보고는 배낭을 내려놓고 땀을 닦습니다.

피나무
Tilia amurensis
피나무과 잎지는큰키나무

잎은 심장 모양이며 가장자리에 톱니가 있다. 어린 꽃봉오리는 말려서 차로 쓴다. 목재는 가볍고 단단해서 쌀통, 떡판, 도마를 만드는 데 쓴다.

박달나무
Betula schmidtii
자작나무과 잎지는큰키나무

키가 크고 오래 사는 나무이다. 잎은 달걀 모양이며 가장자리에 톱니가 있다. 나무가 단단해 다듬이 방망이를 만드는 데 썼다.

고로쇠나무
Acer mono
단풍나무과 잎지는큰키나무

잎은 손바닥처럼 5~7갈래로 갈라진다. 열매에는 날개가 있어 바람을 타고 날아간다. 줄기에 상처를 내면 물이 나오는데, 이것을 '고로쇠 약수'라고 한다.

음나무
Kalopanax pictus
두릅나무과 잎지는큰키나무

엄나무라고도 한다. 잎자루가 길며 잎은 5~9갈래로 갈라진다. 잎 가장자리에 톱니가 있다. 가지에 가시가 있는데, 크게 자라면 없어진다. 새순은 나물로 먹는다.

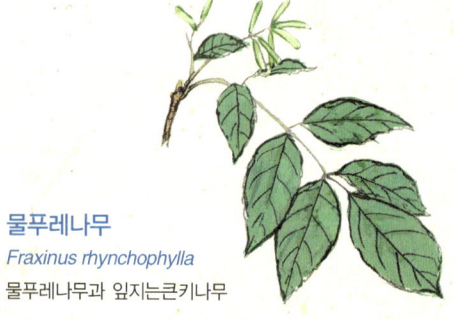

신갈나무
Quercus mongolica
참나무과 잎지는큰키나무

옛날에 짚신 밑에 깔았다고 신갈나무라고 한다. 잎은 달걀을 거꾸로 세워 놓은 모양이며, 가장자리에 톱니가 있다. 도토리로는 묵을 쑤어 먹는다.

물푸레나무
Fraxinus rhynchophylla
물푸레나무과 잎지는큰키나무

잎은 깃꼴겹잎이고 쪽잎은 달걀 모양이다. 가지를 물에 넣으면 물이 푸르러진다고 물푸레나무라고 한다. 목재는 가구나 연장을 만드는 데 쓴다.

"덩달아!"

덩달이는 할아버지가 저를 부르는 소리를 듣고는 놀란 듯합니다. 언제나 이리저리 뛰어다니는 덩달이를 할아버지가 부르는 일은 거의 없기 때문입니다. 덩달이는 득달같이 달려옵니다.

"덩달아, 넌 지금부터 내 둘레에 있으면 안 된다. 저쪽으로 가서 놀다 오너라!"

큰손 할아버지는 덩달이한테 단단히 타이르고는 배낭에서 망사 뭉치를 꺼냅니다. 여름에 치는 모기장과 비슷한 이 망사는 어른 20~30명은 들어가 잘 수 있을 만큼 넓은 것인데, 끈도 없는 넓은 부챗살 모양입니다.

"오늘은 고로쇠나무의 씨앗을 받아야 할 텐데. 자, 어느 나무가 가장 튼튼한가 보자."

큰손 할아버지는 혼잣말을 하며 주위를 둘러본 뒤 가장 잘생기고 튼실한 나무를 골라 그 밑에 망사를 둥글게 깔아 놓습니다. 고로쇠나무 씨앗은 크기가 작을 뿐만 아니라 날개가 달려 바람에 잘 날아가기 때문에 씨앗을 받기가 힘듭니다. 게다가 나무가 워낙 커서 아무리 흔들어 대도 씨앗이 쉽게 떨어지지 않습니다. 그러니 나무 밑에 망사를 깔아 놓고 밤새 저절로 떨어지기만을 기다릴 수밖에요.

"내가 네 어린 씨앗들을 멀리 데려가 잘살 수 있게 도와 줄 터이니 튼튼한 씨앗을 많이 떨어뜨려 주렴."

큰 나무는 씨앗들을 되도록이면 어미나무로부터 멀리 보내기 위해 거

망사 : 나무 둘레에는 풀이 많다. 씨앗이 풀 위로 떨어지면 풀과 씨앗을 구분하기 어렵기 때문에 나무 밑에 망사를 깔아 씨앗을 받는다.

고로쇠나무의 씨앗
씨앗은 여덟 팔(八)자 모양이다.
양쪽에 날개가 달려 있어 바람을 타고
빙글빙글 돌며 멀리 날아간다.
고로쇠나무처럼 큰키나무들은 바람이
세게 불 때 씨앗을 떨어뜨려 멀리 날려
보낸다. 어미나무 바로 아래 떨어져서
싹을 틔우면 서로 잘 자랄 수 없기
때문이다.

센 바람이 불 때 놓아 줍니다. 하지만 나무는 큰손 할아버지의 마음을 잘 알았다는 듯이 스치는 바람에 꼭 쥐고 있던 씨앗을 놓아 후두둑 망사 위에 떨어뜨려 주었습니다.

해가 저물고 어둠이 짙게 깔리기 시작하자 큰손 할아버지는 이슬을 피할 수 있는 바위 밑에 낙엽을 긁어모으기 시작합니다. 오늘 하룻밤의 잠자리를 만드는 겁니다. 낙엽 속에 외투를 깔고 들어가니 푹신합니다. 그믐밤이라 그런지 가지 끝에 달려 있는 페가수스자리가 또렷합니다. 내일 아침이면 망사 위에 소복소복 씨앗이 내려앉아 있겠지요.

10. 봄을 기다리며

산 속 외딴집 굴뚝에서 하얀 연기가 모락모락 피어오릅니다. 낮부터 내리던 눈이 날이 어두워지자 온 산을 뒤덮어 은빛 세상을 만들었습니다. 큰손 할아버지는 아궁이에 불을 지피기 시작합니다. 땔감은 몇 해 전 솔잎혹파리에 해를 입어 죽은 소나무를 얇게 쪼갠 것입니다. 불길이 그리 세지는 않지만 처음 불을 붙일 때는 종이처럼 잘 붙는답니다.

벌써 밥이 끓는군요. 보리쌀, 도토리, 옥수수 쪼갠 것, 거기다 밤 몇 알이 구수하게 익어 갑니다. 벽에 걸린 괘종시계가 여섯 시를 알리는데 밖은 벌써 깜깜해졌습니

다. 할아버지는 아궁이 속의 불을 뒤적거려 고구마 몇 개를 넣고는 다시 불을 덮습니다.

저녁을 먹은 뒤 큰손 할아버지는 밖을 한번 둘러보고 나서 덩달이를 불러 부엌에 들이고는 문을 닫습니다.

"밖에서 자려면 추울 테니 아궁이 옆에서 자거라. 너무 가까이 가서 꼬리를 태우지는 말고."

큰손 할아버지가 덩달이를 부엌에 재우는 것은 산짐승들 때문입니다. 이렇게 눈이 많이 오는 겨울날에는 산에 사는 짐승들이 먹을 것을 찾아 마을로 내려오기 때문이죠.

큰손 할아버지는 두툼한 옷을 껴입고 나와 앞산을 바라보며 깊게 숨을 들이마십니다. 아직은 겨울이지만 어디선가 조금씩 묻어 나오는 봄 냄새를 맡으려는 것이지요.

"내일은 양지골 골짜기에 가 보아야겠는걸! 그곳에는 봄이 일찍 찾아올 테니……."

이렇게 중얼거리고는 할아버지는 다시 부엌으로 들어갑니다. 노릇노릇 익은 고구마를 꺼내 덩달이와 나누어 먹고는, 고구마 껍질을 모아 처마 밑에 갖다 놓습니다. 산짐승들이 지나다 먹고 가라는 뜻이겠지요.

아침에 일어나니 눈이 소복히 쌓였습니다. 큰손 할아버지는 댓돌에 내려서서 눈을 뭉쳐 봅니다.

"눈사람 만들기에 딱 좋은 눈이군."

　큰손 할아버지는 모자를 쓴 뒤 장대를 들고 산길을 걸어갑니다.
　"우지끈! 뚝! 탁!"
　쌓인 눈의 무게를 이기지 못해 가지가 부러지는 소리입니다. 가을에 낙엽이 지는 나무들은 눈이 와도 가지가 부러지는 일이 없습니다. 하지만, 소나무처럼 겨울에도 잎이 달려 있는 나무들은 가지며 잎에 쌓인 눈의 무게를 이기지 못해 부러지곤 합니다. 더구나 오늘같이 물기를 많이 머금은 눈이 온 뒤에는 여기저기서 소나무 가지 부러지는 소리로 온 산이 울린답니다.
　큰손 할아버지는 장대로 소나무에 쌓인 눈을 털어 줍니다. 하얀 눈가루가 바람에 날려 반짝반짝 빛납니다. 축 처졌던 가지가 다시 올라가고 솔잎은 더욱 파랗게 보입니다.
　"눈이 이렇게 많이 오는 걸 보니 올해는 풍년이 들겠는걸."

옛날부터 눈이 많이 온 해에는 풍년이 든다는 말이 있지요. 눈 녹은 물이 땅에 스며들어 가뭄이 들지 않고 농사가 잘되는 거래요.

그러면 지난해 싹을 틔운 어린 나무는 어떻게 겨울을 날까요? 일찌감치 잎을 떨어뜨리고 영하의 날씨에도 얼지 않게 줄기에 물기를 뺀 다음 그 자리는 당분으로 채우고 겨울을 맞이한답니다.

하지만, 그것만으로 어린 나무가 겨울을 무사히 넘기기는 쉽지 않지요. 왜냐하면 큰 나무와는 달리 어린 모종나무는 뿌리가 짧고 가늘기 때문입니다. 물기를 머금은 땅이 얼면 서릿발이 서게 되고, 그렇게 들뜬 땅 속의 조그만 뿌리는 끊기고 맨땅 위로 드러나게 된답니다. 큰손 할아버지는 지난 가을에 땅을 꼭꼭 밟아 주고는 낙엽을 덮어 주었습니다. 혹시 눈이라도 오지 않으면 뿌리가 다칠까 봐 그런 거지요.

다행히 올해는 눈이 많이 와 얼마나 고마운지 모른답니다. 소복소복 쌓인 눈은 따뜻한 이불과 같아서 어린 나무들이 포근하게 겨울을 날 수 있기 때문이죠.

눈이 쌓인 가지 : 눈이 많이 내리면 가지나 잎에 눈이 무겁게 쌓여 가지가 부러지곤 한다. 이때 가지가 부러지면서 껍질까지 함께 벗겨지면 그 부분에 물과 균이 들어가 썩게 된다.

큰손 할아버지는 오늘도 열심히 봄 냄새를 맡으러 다닙니다. 양지골 냇가에는 이미 느쟁이냉이 잎이 빨갛게 돋아나고 앉은부채도 올라오기 시작했습니다.

나무의 뿌리는 모든 준비를 끝내고 땅 위의 줄기가 녹기만 기다립니다. 통통하게 부풀어오른 갯버들과 생강나무의 꽃눈을 보고는 '이제 봄이 멀지 않았구나' 하며, 할아버지는 겨우내 창고에 넣어 둔 연장들을 꺼내 손질을 합니다. 마치 겨울나무가 봄 채비를 하듯 하나하나 살펴보고 닦고 조입니다.

이제 새순이 올라오고 나무들이 기지개를 켜기 시작하면, 큰손 할아버지의 나무 농사도 다시 시작되겠지요.

찾아보기

가로수 29, 31, 32, 33, 34, 36, 37, 50
가시 98
가지 27, 39, 52, 53, 56, 65, 66, 67, 71, 76, 98, 104, 105
갯버들 107
거세미나방 14
겨울눈 12
고로쇠 약수 98
고로쇠나무 94, 98, 99, 101
광합성 작용 14
구상나무 19, 20, 21, 22
금줄 74
기념수 19
깃꼴겹잎 98
껍질 43, 73, 105
꽃 66
꽃가루 53, 66
꽃망울 45
꽃봉오리 98
나무밭 8

나이테 15, 29
낙우송 65
넓은잎나무 50, 64, 65, 88
노거수 43
눈 12
느티나무 64
느쟁이냉이 107
늘푸른넓은잎나무 64
늘푸른바늘잎나무 19, 65, 66, 68, 81
다래 94
단풍나무 94
단풍나무 씨앗 13
단풍나무과 98
당산나무 73, 74, 76
덩굴 94
돌배나무 8, 38, 39, 40, 41, 42, 45, 46
두릅나무과 98
떡잎 13
링거 주사 45, 72

모과나무 71, 73, 74, 75, 76, 78, 79
모종나무 21, 24, 25, 105
목질부 83
묘목 51
물푸레나무 94, 98
물푸레나무과 98
밑동 23, 43, 65, 66, 67, 71
바늘잎나무 50, 65, 88
박달나무 94, 98
반송 65, 66, 68
발효 25
배꽃 39
배나무 39
버들가지 12
버섯 71
버즘나무 29, 34
버즘나무 씨앗 13
버즘나무과 29
분비나무 19
분재 78

뿌리 15, 16, 22, 23, 24, 25, 27, 32, 35, 36, 41, 43, 44, 52, 56, 57, 58, 64, 65, 67, 107
뿌리돌림 43, 44
산벚나무 94
상수리나무 열매 13
상처 치료제 28, 33, 67, 71
새순 98, 107
새싹 10, 12
생강나무 94, 107
세포 86
소나무 61, 63, 64, 65, 66, 68, 102, 104
소나무과 19, 66, 68, 81
솔방울 66, 68
솔잎혹파리 102
송진 88
수꽃 66
수나무 53
수평근 56
신갈나무 94, 98
실뿌리 13, 16, 22, 24, 25, 43, 44, 56, 58
씨앗 10, 11, 12, 13, 21, 68, 86, 94, 99, 100, 101
앉은부채 107

암나무 53
암수딴그루 53
엄나무 98
열매 39, 40, 42, 53, 81, 98
열매비늘 19
엽록소 41
옹두리 32, 88
유기물 25
은행나무 34, 49, 50, 51, 52, 53, 54
은행나무과 50
음나무 94, 98
잎 13, 53, 65, 68, 73, 94, 98
잎갈나무 65
잎자루 98
잎지는나무 39, 71
잎지는넓은잎나무 64
잎지는바늘잎나무 65
잎지는큰키나무 29, 50, 98
자작나무과 98
작은키나무 94
잣나무 81, 82, 83, 86
잣나무 씨앗 13
잣나무 해충 83
장미과 39, 71
적송 68
전나무 65

접붙이기 68
정원수 68
정자나무 49, 50, 51, 52, 53
주근 56
주목 65
줄기 15, 29, 32, 58, 65, 73, 94, 98, 105, 107
직근 56
쪽동백나무 94
쪽잎 98
참나무과 98
콩 28
큰키나무 94, 101
플라타너스 29
피나무 94, 98
피나무과 98
해충 27, 89
호랑가시나무 64
흑송 68
흙막 24, 25

나무 의사 큰손 할아버지

2005년 4월 7일 1판 1쇄
2023년 3월 10일 1판 14쇄

글쓴이 : 우종영
그린이 : 백남원

기획·편집 : 최일주, 박민영
디자인 : 권소연
제작 : 박흥기
교정 : 송혜주
마케팅 : 이병규, 양현범, 이장열, 김지원
홍보 : 조민희

출력 : 지에스테크
인쇄 : 천일문화사
제책 : J&D바인텍

펴낸이 : 강맑실
펴낸곳 : (주)사계절출판사
등록 : 제 406-2003-034호
주소 : (우)413-120 경기도 파주시 회동길 252
전화 : 031)955-8588, 8558
전송 : 마케팅부 031)955-8595 | 편집부 031)955-8596
홈페이지 : www.sakyejul.net | 전자우편 : skj@sakyejul.com
페이스북 : facebook.com/sakyejulkid | 블로그 : blog.naver.com/skjmail
인스타그램 : instagram.com/sakyejulkid

ⓒ 글 : 우종영 | 그림 : 백남원, 2005

값은 뒤표지에 적혀 있습니다. 잘못 만든 책은 구입하신 서점에서 바꾸어 드립니다.
사계절출판사는 성장의 의미를 생각합니다. 사계절출판사는 독자 여러분의 의견에 늘 귀 기울이고 있습니다.
이 책은 저작권법에 따라 보호받는 저작물이므로 무단 전재와 복제를 금합니다.

ISBN 978-89-5828-076-7 73480